Kohlhammer

Die Autoren, die Autorin

Prof. em. Dr. Dr. habil. Werner Sacher, Schulpädagoge an der Universität Erlangen-Nürnberg

Prof. Dr. Fred Berger, Familien- und Bildungsforscher an der Universität Innsbruck

Mag.a Dr.in Flavia Guerrini, Bildungswissenschaftlerin an der Universität Innsbruck

Werner Sacher, Fred Berger,
Flavia Guerrini

Schule und Eltern – eine schwierige Partnerschaft

Wie Zusammenarbeit gelingt

Verlag W. Kohlhammer

1. Auflage 2019

Gesamtherstellung: W. Kohlhammer GmbH, Stuttgart

Print:
ISBN 978-3-17-032707-8

E-Book-Formate:
pdf: ISBN 978-3-17-032708-5
epub: ISBN 978-3-17-032709-2
mobi: ISBN 978-3-17-032710-8

Inhaltsverzeichnis

1

Einleitung: Kooperation zwischen Schule und Elternhaus – oft schwierig, aber unverzichtbar

Familien tragen doppelt so viel zum Bildungserfolg ihrer Kinder bei wie alle pädagogischen Organisationen (Kindergarten, Kindertagesstätten, Schule) zusammen. Das ist nicht nur ein Ergebnis groß angelegter aktueller Studien (Tietze, Roßbach & Grenner, 2005; Tietze, Becker-Stoll, Bensel, Eckhard, Haug-Schnabel, Kalicki, Keller & Leyendecker, 2013, S. 126f.) und von PISA-Begleituntersuchungen (OECD, 2001, S. 356f.), sondern ein Befund, den die internationale Bildungsforschung seit mehr als einem halben Jahrhundert immer und immer wieder erbrachte (Dave, 1963; Coleman,

Campbell, Hobson, Mc Partland, Mood, Weingeld & York, 1966; Plowden-Report, 1967; Jencks, 1972; Schütz & Wößmann, 2005; Neuenschwander, 2009). Dieser Einfluss der Familien kann sowohl ein positiver und fördernder als auch ein negativer und hinderlicher sein. Aber in beiden Fällen sind pädagogische Organisationen schlecht beraten, wenn sie das Potenzial nicht nutzen, das in der Kooperation mit Eltern liegt.

Nun ist zwar der Effekt der Kooperation zwischen Eltern und Vertreter/innen pädagogischer Organisationen nicht identisch mit dem Einfluss der Familien auf den Bildungserfolg. Aber eine Studie von Werf, Creemers und Guldemond (2001) sollte doch zu denken geben: Danach wirkt sich die Kooperation zwischen Eltern und Lehrkräften stärker auf Schulleistungen aus als Faktoren der Unterrichtsgestaltung und Schulorganisation und als der Einsatz spezieller Medien. Lediglich die gezielte Weiterbildung von Lehrpersonen, die aber erhebliche finanzielle Ressourcen erfordert, hat stärkere positive Effekte als die viel kostengünstigere Elternarbeit.

Allerdings stehen der Kooperation zwischen Schule und Elternhaus in der Praxis einige Hindernisse im Wege, wie z. B. die beruflichen und privaten Belastungen von Eltern und Lehr- und Fachkräften und der sich daraus ergebende Zeitmangel[1].

Hinzu kommt, dass von vielen Lehrkräften der Umgang mit Eltern als schwierig und belastend empfunden wird. Umgekehrt wird von Elternseite vielfach über Lehrkräfte geklagt, mit denen eine Kooperation nicht oder nur sehr eingeschränkt möglich ist. Aber die Diskussion über »schwierige« Eltern und Lehr- und Fachkräfte führt nicht weiter. Kommunikation und Kooperation zwischen Eltern und Lehrkräften kann nur gelingen, wenn auch die Situation verstanden und berücksichtigt wird, in welcher die Akteure sich befinden.

1 Betz, 2015, S. 7f., S. 32; Betz, Bischoff, Eunicke, Kayser & Zink, 2017, S. 128; Beyer, 2018, S. 51f. u. S. 54f.; Sacher 2018a, S. 39f.; Wischer, 2017, S. 7f.

Dazu bedarf es in der Regel eines Abrückens von der eigenen subjektiven Wahrnehmung, eines Perspektivenwechsels und der Bereitschaft, sich auf die Situation des jeweils anderen einzulassen. Die Entwicklung und Pflege einer kooperativen und respektvollen Beziehung zwischen Schule und Elternhaus ist eine unabdingbare Voraussetzung für gelingende Kommunikation. Deshalb stellen wir in den beiden folgenden Kapiteln zunächst das Modell einer Erziehungs- und Bildungspartnerschaft vor, die genau dieses zum Ziel hat. Zunächst beschreiben wir das Modell in seinen wesentlichen Elementen, um anschließend aufzuzeigen, wie auf einer solchen Partnerschaft aufbauend mit weiteren Maßnahmen Schwierigkeiten in der Kooperation und Kommunikation zwischen Eltern und Lehrkräften vorgebeugt und begegnet werden kann. Im folgenden vierten Kapitel beschäftigen wir uns mit Herausforderungen einer solchen Erziehungs- und Bildungspartnerschaft in besonderen Zeiten und Situationen, die sich z. B. durch anstehende Übergänge der Kinder im Schulwesen, durch schwierige Lebenslagen der Familie oder durch unterschiedliche Erziehungsauffassungen von Elternhaus und Schule ergeben können. Im Schlussteil fassen wir die wesentlichen Erkenntnisse und Empfehlungen noch einmal zusammen und versuchen, ein Fazit aus unseren Überlegungen zu ziehen.

2

Erziehungs- und Bildungspartnerschaft zwischen Schule und Elternhaus

2.1 Von der Elternarbeit zur Erziehungs- und Bildungspartnerschaft

Schwierige Situationen in der Kommunikation und Kooperation zwischen Schule und Elternhaus lassen sich weitgehend vermeiden oder doch jedenfalls ein Stück weit entschärfen, wenn es gelingt, im Rahmen der Elternarbeit vertrauensvolle Beziehungen zwischen Eltern und Lehrkräften aufzubauen.

Leider lassen viele Schulen das Potential brach liegen, das in einer erfolgreichen Zusammenarbeit zwischen Schule und Elternhaus steckt. Elternarbeit wird häufig mit mäßigem Engagement betrieben und eher einseitig auf die Anteilnahme der Eltern am Geschehen in der Schule ausgerichtet (z. B. Sacher, 2004; Sacher, 2007). Die Beschreibung, die Krumm (1996, S. 269) vor mehr als zwei Jahrzehnten vom Zustand der Elternarbeit im deutschsprachigen Raum gab, trifft teilweise immer noch zu:

> »Die empirischen Untersuchungen zeigen übereinstimmend ..., Schulleitung und Lehrer informieren nach Vorschrift, hören an, lassen über die (wenigen) vorgeschriebenen Sachverhalte abstimmen. Sie bieten die obligatorischen Sprechtage, Elternabende und Sprechzeiten an, aber nur wenige tun mehr. Allerdings lassen sich viele Lehrer auch informell vor und nach dem Unterricht ansprechen. Vorrangig informiert die Schulseite die Eltern ... Wirkliche pädagogische Probleme kommen verhältnismäßig selten und kurz zur Sprache. Die tatkräftige Mitwirkung der Eltern in Schule und Unterricht bezieht sich auf Hilfsfunktionen (organisatorische Hilfen, Aufbringen von Geld für die Schule ...). Am häufigsten sind Eltern als Helfer bei außerschulischen Klassenunternehmen zu finden. Lehrer und Eltern bekunden ›Elternarbeit‹ sei wichtig, und sie bekunden im Durchschnitt gute Einstellungen zueinander. Die Begeisterung an gemeinsamen Treffen oder Aktionen (Elternabenden, Hilfe bei Klassenausflügen) hält sich allerdings in Grenzen, vor allem auf Seiten der Lehrer.«

Eine solche Elternarbeit herkömmlicher Art, welche das Ergreifen von Initiativen hauptsächlich den Vertreter/innen der Schule vorbehält und den Eltern eine überwiegend passiv-einwilligende Rolle als Objekte der Bearbeitung durch die Schule zuweist, ist nicht mehr zeitgemäß. Auch der Begriff »Elternarbeit« sollte nicht mehr verwendet, sondern durch den der »Erziehungs- und Bildungspartnerschaft« ersetzt werden. Darüber hinaus ist eine partnerschaftliche Beziehung – wie Forschungsarbeiten überzeugend belegen[2] – auch eine unverzichtbare Bedingung für die nachhaltige Förderung der kindlichen und jugendlichen Entwicklung.

2 Z. B. Australian Government, 2006; Bull, Brooking & Campbell, 2008; Cotton & Wikelund, 2000; Rubenstein & Wodatch, 2000; Smrekar, Guthrie, Owens & Sims, 2001; Wang, Oates & Weishew, 1995.

2.2 Zum Verständnis von »Partnerschaft«

»Partnerschaft« darf in diesem Zusammenhang nicht idealistisch überhöht verstanden werden:

- Nach dem allgemeinen Sprachgebrauch sehen wir Partnerschaft zwischen Personen oder Institutionen als gegeben, wenn sie gemeinsame Ziele verfolgen[3] – im Falle der Erziehungs- und Bildungspartnerschaft ist das Ziel die optimale Förderung der Kinder und Jugendlichen.
- Eine Partnerschaft muss demnach nicht unbedingt eine Gefühlsgemeinschaft sein, in der die Partner durch positive Emotionen miteinander verbunden sind.
- Sie setzt auch nicht zwingend den gleichen Hintergrund der Partner voraus – weder im Hinblick auf pädagogische Professionalität, noch auf Vermögen, Ansehen, Macht, Bildungsniveau oder was auch immer. *Wohl aber gehört gegenseitiger Respekt unabdingbar zur Erziehungs- und Bildungspartnerschaft.*

In der Erziehungs- und Bildungspartnerschaft konkurrieren Eltern und Lehr- und Fachkräfte weder miteinander, noch praktizieren sie eine strikte Arbeitsteilung dergestalt, dass für Erziehung allein die Eltern zuständig sind und für Bildung ausschließlich die Schule zu sorgen hat. Vielmehr ergänzen sie einander in ihren pädagogischen Bemühungen komplementär und arbeiten einander zu (Sacher, 2014b, S. 151):

3 Herkunftswörterbuch der deutschen Sprache, bereitgestellt durch das Digitale Wörterbuch der deutschen Sprache: https://www.dwds.de/wb/Augenhöhe [17.12.2018] Wiktionary, Schlagwort »Partner«: https://de.wiktionary.org/wiki/Partner [15.12.2018].

<table>
<tr><td colspan="4">Normativer Rahmen des Grundgesetzes</td></tr>
<tr><td rowspan="3">Normativer Rahmen des Grundgesetzes</td><td>Elternhaus</td><td>Schule</td><td rowspan="3">Normativer Rahmen des Grundgesetzes</td></tr>
<tr><td>Weltanschauliche Orientierung,
informelle Bildung</td><td>Formelle Bildung durch Unterricht</td></tr>
<tr><td colspan="2">Moralische Grundhaltungen (Wahrhaftigkeit, Gewaltfreiheit, Hilfsbereitschaft, Toleranz usw.)
Persönliche, soziale und methodische Kompetenzen
Sekundärtugenden (Zuverlässigkeit, Anstrengungsbereitschaft usw.)</td></tr>
<tr><td colspan="4">Normativer Rahmen des Grundgesetzes</td></tr>
</table>

Abb. 1: Aufgabenverteilung zwischen Schule und Elternhaus

- Soweit Erziehung weltanschauliche Orientierung und Werteerziehung i. e. S. ist, bleibt sie den Eltern vorbehalten, so wie die formelle Bildung durch Unterricht Angelegenheit und Auftrag der Schule ist. Daneben tragen die Eltern durch Organisieren einer anregenden häuslichen Umgebung, durch Fördern von Interessen und durch Nutzung kultureller Angebote die Verantwortung für die außerschulische informelle Bildung der Kinder und Jugendlichen.
- Bei weiteren Erziehungsaufgaben müssen Schule und Elternhaus zusammenarbeiten:
  - bei der Entwicklung moralischer Grundhaltungen (Wahrhaftigkeit, Gewaltfreiheit, Hilfsbereitschaft usw.)
  - bei der Anbahnung persönlicher, sozialer und methodischer Kompetenzen sowie
  - bei der Vermittlung von Sekundärtugenden (Zuverlässigkeit, Genauigkeit, Fleiß, Anstrengungsbereitschaft usw.)

Lehrkräfte kommen in diesen Bereichen nicht umhin, ebenso wie die Eltern Erziehungsarbeit zu leisten, um ihren Bildungsauftrag erfüllen zu können. Insbesondere bei der Vermittlung sozialer Kompetenzen haben sie große Verantwortung. Die Länderverfassungen und Schulordnungen erteilen ihnen deshalb auch ausdrücklich einen Erziehungsauftrag.

- Für die gesamte Erziehung und Bildung gibt das Grundgesetz den äußersten normativen Rahmen vor.

Vom »Elternhaus« als dem einen Partner kann natürlich angesichts vielfältiger aktueller Familienformen nur bedingt und in einem sehr weiten und abstrakten Sinne die Rede sein. Und unter »Eltern« sind nicht nur die biologischen Eltern und die Sorgeberechtigten zu verstehen, sondern alle Erwachsenen aus dem Umfeld der Kinder und Jugendlichen, die bereit sind, Verantwortung für sie zu übernehmen. D. h. »Eltern« in diesem Sinne können auch Großeltern, Onkel und Tanten, Pflegeeltern, Heimeltern, erwachsene Geschwister, Freunde, Bekannte und Nachbarn sein. Ferner sind auch die Kinder und Jugendlichen selbst wichtige Partner, die unbedingt in die Kooperation zwischen ihren Eltern und Lehrkräften einbezogen werden müssen (► Kap. 3.4).

2.3 Modell der Erziehungs- und Bildungspartnerschaft

Schwierige Situationen in der Kommunikation und Kooperation zwischen Schule und Elternhaus lassen sich weitgehend vermeiden oder doch jedenfalls ein Stück weit entschärfen, wenn die partnerschaftliche Beziehung zwischen Schule und Elternhaus etwa nach den Standards organisiert wird, welche die amerikanische Parent-Teacher-Association formulierte (National Parent Teacher Association, 2007; National Parent Teacher Association, 2008; National Parent Teacher Association, 2009). Diese Standards beruhen auf dem internationalen Forschungsstand und sind im englischsprachigen Raum weit verbreitet und etabliert. Die an deutsche Verhältnisse angepasste Fassung, welche in Abbildung 2 dargestellt ist, wurde im Rahmen von Projekten der »Vodafone-Stiftung« (2013) und der »Stiftung Bildungspakt Bayern e. V.« (2014) entwickelt.

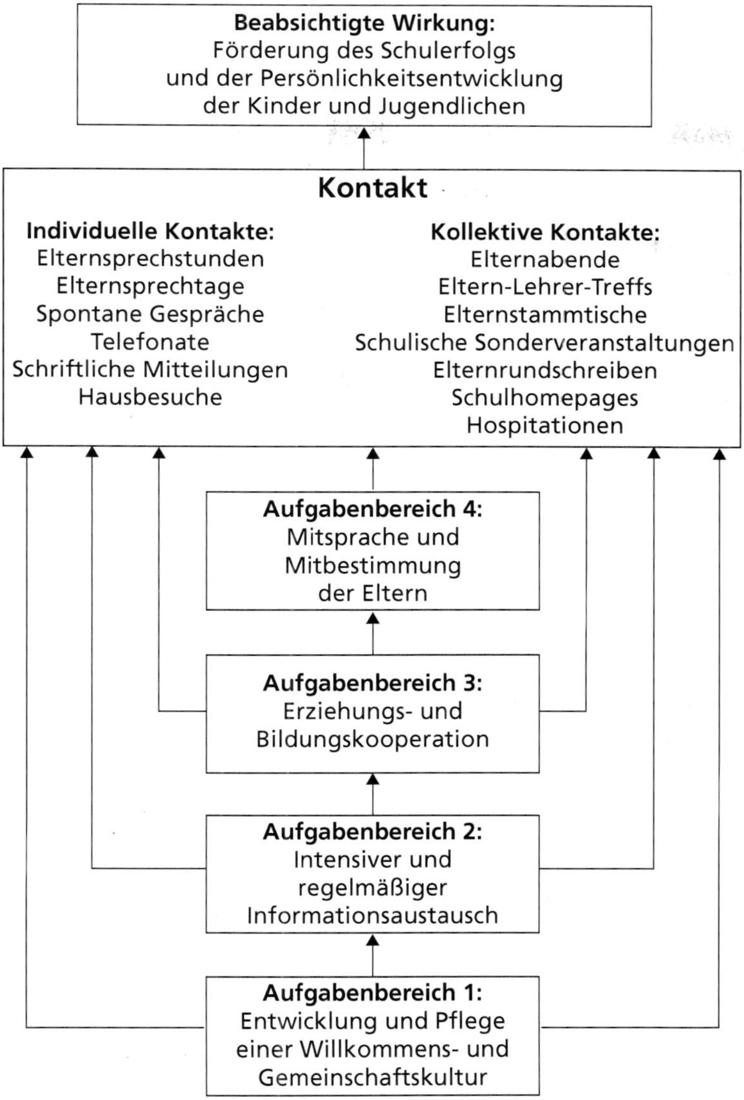

Abb. 2: Modell der Erziehungs- und Bildungspartnerschaft (Weiterentwicklung von Sacher, 2014a, S. 33)

Die Erziehungs- und Bildungspartnerschaft zwischen Schule und Elternhaus zielt letztlich darauf ab, den Schul- bzw. Lernerfolg und die Persönlichkeitsentwicklung der Kinder und Jugendlichen zu fördern. Grundvoraussetzung dafür, dass ihr dies gelingt und sie – wie in der Abbildung dargestellt – eine entsprechende Wirkung erreicht, ist die Entwicklung und Pflege einer Willkommens- und Gemeinschaftskultur in der Schule. Damit ist gemeint, dass allen Eltern und Kindern das Gefühl vermittelt werden soll, in ihrer Schule willkommen zu sein und an der schulischen Gemeinschaft teilhaben zu können – einer schulischen Gemeinschaft, die von wechselseitigem Respekt geprägt ist und unabhängig von Herkunftskultur und sozialer Schicht alle einschließt. Nur wo eine solche Schulgemeinschaft existiert, kann offen informiert und vorbehaltslos kommuniziert werden, was wiederum Voraussetzung für eine erfolgreiche Kooperation zwischen Schule und Elternhaus ist. Die schulischen Kooperationsbemühungen sollen dabei ausdrücklich auch die Zusammenarbeit mit außerschulischen Partnern in der Gemeinde und Region, die Elternmitbestimmung sowie eine angemessene Beteiligung und Mitsprache der Schülerinnen und Schüler umfassen.

Die Arbeit in den vier Aufgabenbereichen einer Erziehungs- und Bildungspartnerschaft bedient sich unterschiedlicher individueller und kollektiver Kontaktformen. Die wichtigsten sind in Abbildung 2 genannt. Kontakte sind kein Selbstzweck. In der Regel verbinden sowohl Eltern als auch Lehrkräfte damit bestimmte Erwartungen und verfolgen damit bestimmte Absichten. Wenn Kontakte effektiv sein sollen, muss über diese Erwartungen und Absichten unter den Beteiligten Klarheit und Einvernehmen hergestellt werden, auch darüber, welcher der vier Aufgabenbereiche jeweils im Mittelpunkt steht. Ein Elternabend z. B. kann der Gemeinschaftspflege oder dem Informationsaustausch dienen oder auch eine Kooperationsveranstaltung sein, und je nachdem, welchem Ziel er dient, ist er anders zu gestalten (Sacher, 2014a, S. 32, S. 34, S. 35).

2.4 Aufgabenbereiche der Erziehungs- und Bildungspartnerschaft

Im Folgenden erläutern wir die vier Aufgabenbereiche etwas ausführlicher.

2.4.1 Entwicklung und Pflege einer Willkommens- und Gemeinschaftskultur

Die Basis einer erfolgreichen Erziehungs- und Bildungspartnerschaft zwischen Elternhaus und Schule ist die Etablierung einer Willkommenskultur, d. h. die Gestaltung und Pflege eines Umfeldes, in welchem sich alle Eltern, Schülerinnen und Schüler an der Schule akzeptiert und als Teil einer Gemeinschaft fühlen.

Zunächst ist die Elternschaft einer Klasse und einer Schule oft nur ein soziales Zufallsaggregat:

> »Eltern haben ja nicht schon deshalb gemeinsame Interessen, weil sie Eltern sind und ihre Kinder dieselbe Schule oder Klasse besuchen. Vielmehr interessieren und engagieren sich die meisten Eltern hauptsächlich und oft sogar ausschließlich für das Fortkommen des eigenen Kindes« (Sacher, 2014a, S. 77).[4]

Aus diesem sozialen Zufallsaggregat eine Solidargemeinschaft mit einer Willkommenskultur zu entwickeln, in der alle Eltern sich respektiert und angenommen fühlen, ist eine Herausforderung. Aber es ist auch die entscheidende Gelingensbedingung für die Erziehungs- und Bildungspartnerschaft. Die Eltern und Elternvertreterinnen und -vertreter stehen dafür ebenso in der Verantwortung wie die Schulleitung und das Lehrerkollegium.

---

4 Vgl. dazu auch Kanders, Rösner & Rolff, 1996; Krumm, 1996, S. 270; Krumm, 1998, S. 85; Morgan, Fraser, Dunn & Cairns, 1992, S. 16f.; Neuenschwander, Balmer, Gasser, Goltz, Hirt, Ryser & Wartenweiler, 2004, S. 174; Sacher, 2007; Wild, 2003, S. 526.

Nach Heckmann (2012, S. 3ff.) können vier Ebenen der Willkommenskultur unterschieden werden: die Ebenen der Individuen, der interpersonalen Beziehungen, der Organisationen bzw. Institutionen und der gesamten Gesellschaft. Schulen können zwar wenig zur Willkommenskultur auf der gesamtgesellschaftlichen Ebene beitragen. Aber sie haben viele Möglichkeiten, Maßnahmen auf den ersten drei Ebenen zu ergreifen:

- *Willkommenskultur auf der Ebene der Individuen:* »Willkommenskultur beginnt in den Köpfen und Herzen der Einzelnen, bei ihren Einstellungen, Gedanken und Gefühlen gegenüber den jeweiligen anderen« (Sacher, 2014a, S. 37). Das bedeutet, dass Lehrerinnen und Lehrer, Schulleiterinnen und Schulleiter sowie Elternvertreterinnen und Elternvertreter dazu aufgefordert sind, mögliche Vorurteile und Voreingenommenheiten zu reflektieren. Sie müssen bereit sein, ihre Einstellungen, Gedanken und Gefühle kritisch zu hinterfragen und sich um eine optimistische, erfahrungsoffene, vorurteilsfreie und tolerante Haltung bemühen.
- *Willkommenskultur auf der Ebene interpersonaler Beziehungen:* Auf dieser Ebene sind insbesondere die Interaktionen von großer Bedeutung. Lehrkräfte können hier zu einer Willkommenskultur beitragen, wenn sie sich ausreichend Zeit für Gespräche nehmen, aktiv auf Eltern zugehen und einen freundlichen und höflichen Umgang mit ihnen pflegen. Auch die unkomplizierte und zeitnahe Erreichbarkeit von Lehrkräften spielt eine wichtige Rolle (s. u.). Besonders beim Schuleintritt und am Beginn eines neuen Schuljahres ist es wichtig, solche positiven Beziehungen zu entwickeln und Angebote zu machen, welche die Eingewöhnung und das gegenseitige Kennenlernen erleichtern. Aber auch im laufenden Schuljahr bieten sich Möglichkeiten, die Eltern einzubinden (z. B. bei Veranstaltungen, Elternabenden usw.) und die Gemeinschaftsbildung in der Elternschaft und zwischen Eltern und Lehrkräften zu fördern.
- *Willkommenskultur auf der Schulebene:* Hier zeigt sich Willkommenskultur in der ansprechenden und übersichtlichen Gestal-

tung des Schulgeländes und des Schulgebäudes, im Vorhandensein von Hinweistafeln und Wegweisern sowie eines ruhig gelegenen und angemessen möblierten Elternsprechzimmers. Auch eine kleine Sitzgruppe vor dem üblichen Tresen im Sekretariat wäre ein Willkommenssignal. Ein wichtiges Element der Willkommenskultur ist die Berücksichtigung der Lebensverhältnisse aller Familien. Ein stillschweigendes Ausgehen vom Regelfall der vollständigen, gut situierten, bildungsnahen Mittelschichtfamilie ist unbedingt zu vermeiden. Das heißt z. B., dass die Zahl und die Termine von Elternveranstaltungen auf die zeitlichen Möglichkeiten der Eltern abgestimmt und Gespräche auch außerhalb von Sprechzeiten angeboten werden, die in der Kernarbeitszeit von Berufstätigen liegen, dass man ausdrücklich auch Alleinerziehende und sonstige Sorgeberechtigte einbezieht und neben traditionellen Familien auch Pflege-, Patchwork- und Regenbogenfamilien berücksichtigt, dass Sprachniveau und Lerntipps auch niedrigeren formalen Bildungsniveaus und nichtdeutschen Herkunftskulturen Rechnung tragen und die Kosten für Schulveranstaltungen, Ausflüge, Kurse und Exkursionen auch für Eltern mit geringen finanziellen Möglichkeiten erschwinglich sind (Sacher, 2014a).

Über die Entwicklung einer solchen Willkommenskultur hinaus können vielfältige *gemeinschaftsfördernde Begegnungen* organisiert werden: Elternabende sollten häufiger als »Klassenelternversammlungen« im wörtlichen Sinne durchgeführt werden, d. h. als Veranstaltungen, bei denen Eltern nicht nur von Lehrkräften informiert werden, sondern auch Gelegenheit haben, einander kennenzulernen und sich auszutauschen. Ebenso tragen Elterncafés, Elternbibliotheken, Elternstammtische und gemeinsame Unternehmungen der Eltern zur Gemeinschaftsbildung bei.

Das Schaffen einer sozialen Atmosphäre, in der sich alle Beteiligten wohlfühlen, ist eine wesentliche Voraussetzung für die nachfolgenden Schritte beim Aufbau einer Erziehungs- und Bildungspartnerschaft zwischen Schule und Elternhaus (Neuenschwander et al.,

2004, S. 155ff.; Sacher, 2004, S. 2). Interessanterweise ist das Gelingen dieser weiteren Schritte, wie Untersuchungen zeigen, in weitaus geringerem Ausmaß von Schulart, Schulgröße und Schulstandort sowie von der Zusammensetzung der Elternschaft nach Bildungsniveau, sozialem Milieu und Herkunftskultur abhängig als von den Maßnahmen, die von Seiten der Schule zur Etablierung einer Willkommenskultur ergriffen werden (Sacher, 2014a, S. 42f.).

2.4.2 Intensiver und regelmäßiger Informationsaustausch

Eine erfolgreiche Erziehungs- und Bildungspartnerschaft zwischen Eltern und Lehrkräften erfordert eine *regelmäßige, intensive und offene Kommunikation* über die Entwicklung der Kinder und Jugendlichen und ihre schulische und häusliche Situation. Dabei sollten vielfältige, niederschwellige und verlässliche Kommunikationswege und Medien genutzt werden (mündliche Ansprache, Briefe, Telefon, Handy, Schulhomepage, Email, SMS).

Informelle Gespräche und Kontakte (Tür-Angel-Gespräche, sich zufällig ergebende Gespräche bei Schulfesten und bei Begegnungen im Alltag, bei Elternstammtischen, Elterncafés usw.) werden von Eltern als ebenso hilfreich empfunden wie die durch Rechtsvorschriften geregelten *formellen Kontakte* (Sprechstunden, Elternsprechtage, Elternabende, Vorträge und Informationsveranstaltungen) (Sacher, 2004, S. 30).

Es genügt jedoch nicht, dass Eltern bei solchen Anlässen durch Lehrkräfte über die Leistungen und das Verhalten des Kindes sowie über wichtige Schulereignisse und Fragen des Unterrichts informiert werden. Im Sinne eines Informations*austausches* sollten umgekehrt auch die Eltern die Lehrkräfte informieren, z. B. über den sozialen Umgang und das außerschulische Verhalten des Kindes sowie den familiären Hintergrund und die zuhause praktizierte Erziehung. Andernfalls ist eine individuelle Förderung nur sehr eingeschränkt möglich.

In einem Modellprojekt von 2006/2007 holten Lehrkräfte von 15 % der Eltern öfter oder häufig Informationen über ihre Erziehungspraktiken und die Freizeitinteressen, den Medienkonsum und den Freundeskreis ihrer Kinder ein. Aber dreimal so viele Eltern (46 %) gaben an, öfter oder häufig über den Unterricht der Lehrkräfte und den Leistungsstand und das Verhalten ihrer Kinder informiert worden zu sein. Es hat also den Anschein, dass anstelle eines wechselseitigen Informationsaustausches zwischen Lehrkräften und Eltern eher nur ein einseitiger Informationsfluss von den Lehrkräften zu den Eltern stattfindet (Sacher, 2014a, S. 53).

Ebenso sollte eine unter Eltern (und auch Lehrkräften!) verbreitete passive Informationshaltung von einer *aktiven Informationshaltung* abgelöst werden. D. h. Eltern sollten nicht erwarten, dass Lehrkräfte gewünschte Informationen im Bedarfsfall bei ihnen nachfragen, sondern wichtige Informationen auch ohne Aufforderung mitteilen und die Lehrkräfte über Sachverhalte, die ihnen wichtig erscheinen, auch spontan und nicht erst auf entsprechende Bitten hin informieren. Außerdem sollten sie sich nicht immer darauf verlassen, dass die Lehrkräfte ihnen alles Wichtige ohnehin mitteilen, sondern auch selbst nachfragen. Eine vergleichbar aktive Haltung sollten sich selbstverständlich auch die Lehrkräfte aneignen.

Nicht selten tritt die passive Informationshaltung von Eltern noch einmal zugespitzt in einer *Beschränkung auf problemveranlasste Kommunikation* auf: Eltern suchen dann den Kontakt mit den Lehrkräften ihrer Kinder erst, wenn es Lern- oder Verhaltensprobleme gibt. In einer bayerischen Repräsentativuntersuchung von 2004 bestätigten 20,5 % der Eltern von Grundschülerinnen und Grundschülern und 41,0 % der Eltern von Schülerinnen und Schülern der Sekundarstufe, mit den Lehrkräften ihrer Kinder nur zu reden, wenn es Probleme gibt![5] Lehrkräfte verhalten sich letztlich nicht

5 Gesonderte Auswertung für diese Publikation.

viel anders. Nur bei Problemen zu kommunizieren, mag zwar zeitsparend sein. Psychologisch ist es aber höchst riskant: Wenn man einander erst kontaktiert, wenn es Probleme gibt, ist es meistens zu spät, noch jenes Vertrauen aufzubauen, das nötig wäre, um die Probleme gemeinsam zu lösen. Überdies sind dann die meisten Kontakte mit negativen Erfahrungen verbunden (Whitaker & Fiore, 2001, S. 10). Es erweist sich als wesentlich günstiger, wenn die Kommunikation zwischen Lehrkräften und den Eltern alltäglichen Charakter hat. Im Idealfall sollte es neben problemveranlassten Kontakten und Gesprächen auch solche aus erfreulichem Anlass geben und anlassunabhängige regelmäßige Arbeitsbesprechungen, bei denen die Lern- und Verhaltensentwicklung der Kinder und Jugendlichen thematisiert wird. Weitaus häufiger als bisher üblich sollten die Schülerinnen und Schüler zudem selbst in solche Eltern-Lehrer-Gespräche einbezogen werden.

Neben der Häufigkeit der Kontakte ist selbstverständlich auch ihre Qualität von Bedeutung. In Bezug auf leistungsschwächere Kinder ergab die Bayerische Repräsentativ-Befragung von 2004, dass deren Eltern zwar deutlich häufiger als andere Eltern mit den Lehrkräften in Kontakt traten, diese Kontakte aber als weniger hilfreich empfanden (Sacher, 2014, S. 52f.). Ursächlich dafür ist vermutlich, dass nach einer Untersuchung der Universität Landau 41 % der Eltern in Gesprächen mit Lehrkräften keine konkreten Hinweise erhalten, wie Probleme zu bewältigen sind (Jäger-Flor & Jäger, 2009). »Er muss sich mehr anstrengen«, »Sie sollte besser aufpassen« oder »Er darf sich nicht so leicht ablenken lassen« sind Beispiele für vage Aussagen, welche Eltern mit der Frage alleine lassen, was in der Erziehungspraxis konkret zu tun ist, um diesen Empfehlungen nachzukommen.

2.4.3 Erziehungs- und Bildungskooperation

Das Herzstück einer erfolgreichen Erziehungs- und Bildungspartnerschaft ist die gelingende Kooperation von Schule und Elternhaus zum Wohle der Kinder. Diese Kooperation kann dabei sowohl in der Schule (»school-based« bzw. »schulbasiert«) als auch in den Familien (»home-based« bzw. »heimbasiert«) stattfinden.

Die *Kooperationsmöglichkeiten in der Schule* umfassen hauptsächlich Mitarbeit in Projekten und Arbeitsgemeinschaften, im Unterricht, bei Nachhilfegruppen und bei der Hausaufgabenbetreuung, Begleitung bei Ausflügen und Exkursionen, diverse Hilfeleistungen und Mitwirkung in Elterngremien. Es ist aus Sicht der Schule gar nicht möglich und auch nicht nötig, dass eine große Zahl von Eltern diese Möglichkeiten nutzt. Außerdem haben viele Eltern wegen ihrer Berufstätigkeit und wegen anderer Belastungen nicht die Zeit, solche Kooperationsmöglichkeiten wahrzunehmen.

Einfacher in den Familienalltag zu integrieren ist *heimbasierte Kooperation.* Zahlreiche Studien und Meta-Analysen[6] zeigen, dass die heimbasierte Kooperation weitaus wichtiger für den Schul- und Bildungserfolg der Kinder und Jugendlichen ist als die schulbasierte. Der Effekt der schulbasierten Kooperation mit Eltern ist besonders dann gering, wenn sie keine oder nur geringe Nähe zum Lernen der Kinder und Jugendlichen hat.[7] Das Braten von Bratwürsten beim Schulfest oder Hilfe bei der Mittagsbetreuung haben z. B. weniger Nähe zum Lernen der Kinder und Jugendlichen als Mitarbeit in Projekten oder bei der schulischen Hausaufgabenbetreuung.

Heimbasierte Kooperation wirkt sich neueren Metaanalysen zufolge (Hill & Tyson, 2009; Jeynes, 2011) vor allem dann günstig auf

6 U. a. Carter, 2002; Cotton & Wikelund, 2000; Catsambis, 2001; Christensen & Sheridan, 2001; Harris & Goodall, 2007; Hoover-Dempsey, Walker, Sandler, Whetsel, Green, Wilkens & Closson 2005; Okpala, Okpala & Smith, 2001; Siraj-Blatchford, Sylva, Muttock, Gilden & Bell, 2002 sowie die Metaanalysen von Hill & Tyson, 2009 und Jeynes, 2011.

7 Boethel, 2003; Cotton & Wikelund, 2000; Crosnoe, 2001, S. 227; Desforges & Abouchaar, 2003, S. 271; Henderson & Mapp, 2002, S. 38; Henderson, Johnson, Mapp & Davies, 2007, S. 82; Krumm, 1988, S. 616; Krumm, 1996; Michigan Department of Education, 2001; Simon, 2004.

den Bildungserfolg von Kindern und Jugendlichen aus, wenn Eltern

- mit ihren Kindern häufig, offen und interessiert kommunizieren – nicht nur über schulische Angelegenheiten, sondern über alle Belange des täglichen Lebens,
- hohe (aber realistische!) und vor allem optimistische Leistungserwartungen gegenüber ihren Kindern zum Ausdruck bringen,
- mit Kindern im Grundschulalter öfter gemeinsam lesen,
- einen autoritativ-partizipativen Erziehungsstil praktizieren, der charakterisiert ist durch
  - die Gestaltung einer warmen und liebevollen Umgebung für das Kind,
  - Ermutigung und Förderung von Selbstständigkeit,
  - Ordnung und Regeln, einen strukturierten Tagesablauf,
  - Übertragen von Verantwortung für Aufgaben im Haushalt,
  - Vorleben eines positiven Modells für lebenslanges Lernen und Leistungsbereitschaft.

Dabei ist es keineswegs nötig, dass sich Eltern unmittelbar in die schulische und häusliche Lernarbeit ihrer Kinder einmischen – bei den Hausaufgaben, beim Ausarbeiten von Referaten oder bei der Vorbereitung auf Prüfungen – und auf diese Weise eine Art Hilfslehrerrolle übernehmen. Die genannten Metaanalysen und PISA-Begleituntersuchungen (OECD, 2010a, S. 189) zeigten vielmehr, dass das oft sogar kontraproduktiv sein kann.

Eine förderliche heimbasierte Kooperation der Eltern mit den genannten Schwerpunkten setzt keinen höheren Schulabschluss voraus.

2.4.4 Mitsprache und Mitbestimmung der Eltern

Zu einer partnerschaftlichen Beziehung gehört auch, dass die Partner gemeinsam Verantwortung übernehmen und Entscheidungen fällen. Mitsprache- und Mitbestimmungsmöglichkeiten der einzelnen Eltern und gewählter Elternvertreter sind deshalb für eine gelingende Erziehungs- und Bildungspartnerschaft zwischen Schule und Elternhaus unverzichtbar, und ihre Nutzung trägt wesentlich zur Etablierung der Willkommenskultur, des offenen Informationsaustausches und der Kooperation bei.

Die Praxis der elterlichen Mitsprache und Mitbestimmung ist jedoch häufig noch ausbaufähig: Die Schulgesetzgebung räumt in vielen Bundesländern Elternvertreter/innen nur sehr begrenzte Rechte ein: Sie müssen informiert und gehört werden, dürfen beraten, erörtern, Vorschläge einbringen und Initiativen anregen, seltener aber auch entscheiden oder wenigstens mitentscheiden. Ihre Mitwirkung erstreckt sich auf Angelegenheiten der Organisation und inneren Verwaltung der Schule und des Schullebens, seltener auch auf Fragen der Unterrichtsgestaltung und kaum jemals auf Personalentscheidungen (Sacher, 2014a, S. 101–106).

Die Zahl der Eltern, welche unter diesen Bedingungen bereit sind, für das Amt einer Elternvertreterin bzw. eines Elternvertreters zu kandidieren, ist meistens sehr überschaubar. Die gewählten Elternvertreter/innen beschränken ihr Engagement häufig weitgehend darauf, die wenigen verbindlichen Sitzungen und Besprechungen durchzuführen. Sofern sie darüber hinausgehend Aktivitäten entwickeln, sind diese meistens auf die Unterstützung der Schule, der Schulleitung und des Lehrerkollegiums ausgerichtet. Seltener ergreifen sie pädagogische Initiativen, machen sie Angebote für Eltern oder bemühen sie sich um die Gemeinschaftsentwicklung in der Elternschaft (Mohrhart, 1980, S. 14f.; Siekaup, 1984, S. 42). Auch engagierte Elternvertreter/innen verstehen »sich in der Regel mehr als Unterstützer der Schule denn als Interessenvertreter der Eltern« (Sacher, 2014a, S. 108). Begünstigt wird dieser Umstand durch Rechtsvorschriften der Bundesländer, welche mehr oder weniger alle die schulunterstützenden und akzeptanzsichernden Aufgaben der Elternvertreter betonen, aber ihre Mitverantwortung für die Organisation einer partnerschaftlichen

Bildungs- und Erziehungskooperation kaum erwähnen (Sacher, 2014a, S. 108).

Unter diesen Bedingungen erstaunt es nicht, dass die Arbeit von Elterngremien und Elternvertretern meistens nicht viel zum Bildungserfolg der Kinder und Jugendlichen beiträgt[8] und mehr der politischen Korrektheit in einer demokratischen Gesellschaft als pädagogischen Zwecken dient.

Das ließe sich ändern, wenn Elternvertreter/innen ihre Arbeit anders ausrichten würden: Sie sollten vermehrt für ihre Klientel tätig werden, Eltern informieren, die Kommunikation der Eltern untereinander unterstützen – z. B. durch den Austausch von Anschriften, Email-Adressen und Telefonnummern –, sie durch gemeinschaftsfördernde Begegnungen und Veranstaltungen, durch Gesprächskreise und Arbeitsgruppen in Kontakt bringen und sie auf breiter Basis in Entscheidungen einbeziehen. Sie könnten auf diese Weise das verbreitete »Einzelkämpfertum« der Schülereltern überwinden, welches im bayerischen Modellprojekt von 2006/2007 mehr als die Hälfte aller Eltern beklagte, und einen entscheidenden Beitrag zur Entwicklung einer Schulgemeinschaft leisten.

Eine intensive Arbeit für die Elternschaft können Elternvertreter/innen allerdings nur bewältigen, wenn sie sich der Mitarbeit eines größeren Unterstützerkreises weiterer Eltern versichern und enge Verbindungen untereinander halten, wenn z. B. Elternbeiräte und Klassenelternsprecher/innen einander regelmäßig informieren und miteinander kooperieren. Außerdem sollten Elternvertreter/innen sich bewusst sein, dass sie letztlich für das Wohl der Kinder und Jugendlichen zu arbeiten haben. Es ist deshalb erstrebenswert, dass sie sich regelmäßig mit den Schülervertreter/innen austauschen und ihre Initiativen mit ihnen abstimmen.

---

8 Vgl. Krumm, 1988, S. 616; Krumm, 1996, S. 271; Cotton & Wikelund, 2000; Schwaiger & Neumann, 2010, S. 129.

Sehr viel stärker und unmittelbarer als die kollektive Elternmitbestimmung der Elterngremien und Elternvertreter/innen wirkt sich die individuelle Elternmitbestimmung aller Eltern, die ein Kind an der Schule haben, auf den Bildungserfolg aus (also auch der Eltern, die kein Vertretungsmandat ausüben)[9]. Die Mitbestimmungsmöglichkeiten, welche die Schulgesetze und Rechtsverordnungen der deutschen Bundesländer den einzelnen Eltern einräumen, sind allerdings ebenfalls recht beschränkt. Sie »erschöpfen sich mehr oder weniger im Recht der Schulwahl für die Kinder, im Recht auf Auskunft über ihre Lernfortschritte und auf Informationen über die Schulorganisation, über Aufnahme- und Übertrittsverfahren und Lehrpläne sowie im Recht, Elternvertreterinnen und Elternvertreter zu wählen« (Sacher, 2014a, S. 107). Ob allerdings sehr viele Eltern von erweiterten individuellen Mitbestimmungsrechten Gebrauch machen würden, muss dahin gestellt bleiben. Zu denken gibt z. B., dass jeweils deutlich mehr als die Hälfte aller Eltern des bayerischen Modellprojekts von 2006/2007 eine häufigere Besprechung der Schulleistungen, des Verhaltens und der Erziehung und Entwicklung ihrer Kinder sowie der Gestaltung von Unterricht und Schule gar nicht wünschte. Zumindest aber könnte die individuelle Mitbestimmung der Eltern gestärkt werden, wenn die gewählten Elternvertreter/innen ihre Klientel viel öfter in ihre Beratungen und Entscheidungen einbezögen und sich häufiger über deren Bedürfnisse informieren würden.

9 Vgl. Krumm, 1988, S. 616; Krumm, 1996, S. 271; Cotton & Wikelund, 2000; Schwaiger & Neumann, 2010, S. 129.

2.5 Entwicklung der Erziehungs- und Bildungspartnerschaft

Mit der dargestellten Abfolge in Abbildung 2 ist im Grunde auch der Verlauf der Entwicklung einer Erziehungs- und Bildungspartnerschaft aufgezeichnet. Er beginnt mit dem Aufbau einer Willkommens- und Gemeinschaftskultur und führt über einen intensiven und regelmäßigen Informationsaustausch zur Kooperation – zunächst zwischen Schule und Elternhaus, dann auch mit den anderen genannten Partnern. Bei entsprechenden Voraussetzungen sind auch Abweichungen von diesem Vorgehen möglich. Wenn es schon eine Gemeinschaftskultur gibt, kann gleich die Organisation des Informationsaustausches in Angriff genommen werden. Falls auch dieser schon zufriedenstellend funktioniert, wird man sich unmittelbar an den Auf- und Ausbau der Kooperation machen. Dabei könnte sich durchaus zeigen, dass man die Willkommens- und Gemeinschaftskultur überschätzt hat, so dass man gewissermaßen zurückgehen und auch noch Initiativen in diesem Bereich ergreifen muss.

In einer erfolgreichen Erziehungs- und Bildungspartnerschaft zwischen Schule und Elternhaus wird die Arbeit in einem der vier genannten Aufgabenbereiche oft auch Auswirkungen auf die anderen haben, so dass diese sich in ihrer Entwicklung gegenseitig stimulieren und stabilisieren: In einer entwickelten und funktionierenden *Schulgemeinschaft* dürfte es weit weniger häufig vorkommen, dass bestimmte Personen und Gruppen ausgegrenzt werden, sich selbst ausgrenzen oder sich entziehen. Unstimmigkeiten und Konflikte finden in einer Gemeinschaft, in der sich alle willkommen und akzeptiert fühlen, oft ein heilsames Korrektiv und können in der Regel konstruktiver ausgetragen werden. Informationen werden bereitwilliger und ungeschützter ausgetauscht und Kooperation kommt leichter zustande. Auf der Elternseite nimmt die Bereitschaft zu, für die Gemeinschaft Verantwortung zu übernehmen, und auf der schulischen Seite gibt es weniger Bedenken und Vorbehalte, Eltern an Entscheidungen zu beteiligen.

Ein *intensiver und regelmäßiger Informationsaustausch* bildet eine gute Grundlage, um problematische Einstellungen und Verhaltensweisen anzusprechen, Verständnis füreinander zu entwickeln, Vertrauen aufzubauen und Konflikte zu vermeiden oder doch wenigstens zu entschärfen. Kommunikations- und Informationsregeln, welche festlegen, wann, worüber und wie oft kommuniziert werden soll, erleichtern den Umgang, verbessern die Kontakte zwischen Schule und Elternhaus und tragen viel zur Gemeinschaftskultur bei. Sie machen den Eltern klar, was die Schule von ihnen erwartet, und geben ihnen zugleich Sicherheit, mit welchen Informationen seitens der Lehr- und Fachkräfte sie rechnen können. Auch für die Lehrkräfte sind sie eine Entlastung, insbesondere dann, wenn sie schuleinheitlich vereinbart und dokumentiert werden. Damit sind zugleich Koordinaten für die schul- und heimbasierte Kooperation vorgegeben. Und auch eine wirkliche Beteiligung von Eltern an schulischen Entscheidungen beginnt mit dem Teilen von Information.

In *kooperativen Bemühungen* von Eltern, Elternvertreter/innen und Lehr- und Fachkräften gelingt es des Weiteren weitaus besser, Probleme und Konflikte zu analysieren und zu lösen, Ausgrenzungen zu vermeiden und zu überwinden sowie gemeinsam zum Wohl der Kinder zu handeln. Im gemeinsamen Handeln wächst das Vertrauen in die Partner und die Bereitschaft, offen mit ihnen zu kommunizieren, und dies wiederum schließt zur Gemeinschaft zusammen. Erfahrungen gelungener Kooperation schließlich erleichtern es für die schulische Seite auch, Eltern und Elternvertreter an Entscheidungen zu beteiligen, da man davon ausgehen kann, dass letztlich alle an einem Strang ziehen.

Eingeräumte *Mitsprache- und Mitbestimmungsmöglichkeiten* signalisieren der Elternschaft Vertrauen und Respekt der Lehrerschaft und der Schulleitung, und die Wahrnehmung dieser Möglichkeiten durch Eltern zeigt der Schulleitung und den Lehrkräften, dass diese bereit sind, Verantwortung zu übernehmen und Zeit, Kraft und

Kompetenz zu investieren. Vertrauen, Respekt, Verantwortung und Engagement sind zugleich Säulen einer jeden funktionierenden Schulgemeinschaft. Engagierte Arbeit der Elternvertreter/innen demonstriert den Eltern, dass der Austausch von Informationen auch zu konkreten Handlungskonsequenzen führt, und erhöht die Bereitschaft, sich am Informationsaustausch zu beteiligen. Die produktive und konstruktive Zusammenarbeit von Elternvertreter/innen mit Vertreter/innen der Schule dient als Vorbild für die Kooperation von Eltern und Lehrkräften in anderen Zusammenhängen.

3

Prävention und Intervention bei Schwierigkeiten

Die im Folgenden vorgestellten Strategien sind geeignet, schwierige Situationen in der Interaktion zwischen Schule und Elternhaus möglichst zu vermeiden. Sie können aber auch dazu dienen, bei aktuellen Schwierigkeiten zu intervenieren und sie zu entschärfen und zu bewältigen. Zugleich stabilisieren sie die Erziehungs- und Bildungspartnerschaft.

3.1 Vertrauen aufbauen und erhalten

Die bayerische Repräsentativuntersuchung gibt wichtige Hinweise, wie Vertrauensbildung bei Eltern gefördert werden kann (Sacher, 2004 und gesonderte Datenanalysen).

3.1.1 Die »Chemie« muss stimmen

Soziale Interaktionen verlaufen reibungsloser in einer prosozialen Atmosphäre, wenn – wie wir alltagssprachlich sagen – die »Chemie« zwischen den Akteuren stimmt. Die bayerische Repräsentativuntersuchung zur Elternarbeit an 574 Schulen zeigte dementsprechend auch, dass eine solche Atmosphäre die Grundlage schlechthin für eine erfolgreiche Elternarbeit ist. Differenziertere Analysen ergaben fünf Dimensionen einer förderlichen Atmosphäre:

- Informationsfluss,
- Vertrauen,
- Gesprächskultur,
- Verzicht auf Kontrolle und Beschwerden und
- Kooperationsbereitschaft.

Diese Dimensionen wiederum stehen untereinander in engen Wirkungszusammenhängen. Vor allem zeigte sich: Vertrauen speist sich aus der Gesprächskultur und aus dem Informationsfluss, wobei der Einfluss der Gesprächskultur viereinhalbmal so stark ist wie der des Informationsflusses (Sacher, 2005, S. 140, Abb. 26). Darauf wird in den folgenden Abschnitten noch eingegangen.

3.1.2 Vertrauen bildet sich in Kontakten

»Wesentlich für den Aufbau von gegenseitigem Vertrauen sind Kontaktaufnahmen zwischen Lehrpersonen und Eltern unter unbeschwerten Bedingungen« (Neuenschwander et al., 2004, S. 161). Auch in der bayerischen Untersuchung zeigte sich, dass neben den durch Rechtsvorschriften verbindlich festgelegten formellen Kontakten (Sprechstundengespräche, Elternabende, Elternsprechtage) informelle Kontakte bei Tür-Angel-Gesprächen, zufälligen Begegnungen in Elterncafés, bei Elternfrühstücken, Feiern, Festen, Aufführungen fast noch wichtiger sind. Des Weiteren tragen Kontakte mit den einzelnen Eltern durch Gespräche, Telefonate oder Emails doppelt so viel zur Vertrauensbildung bei wie kollektive Kontakte bei Elternabenden oder Vorträgen oder durch Rundschreiben.

Auch die Erreichbarkeit der Lehr- und Fachkräfte wirkt vertrauensbildend. Unkomplizierte Möglichkeiten für Eltern, durch Telefonkontakte, Emails, SMS, Chatrooms usw. Fragen zu stellen und beantwortet zu bekommen, und zeitnahe Termine für Gespräche sind wichtige Signale der schulischen Seite. Beschränkung der Gesprächsbereitschaft auf Sprechstunden, die in der Kernarbeitszeit berufstätiger Eltern liegen, Verweigerung der Herausgabe von Telefonnummern und Email-Adressen, unter denen Lehr- und Fachkräfte erreichbar sind, auch schon der Umweg, solche Kontaktdaten erst im Schulsekretariat (dessen Telefonanschlüsse häufig belegt sind!) erfragen zu müssen, sind kontraproduktiv.

3.1.3 Vertrauen entsteht im offenen und rückhaltlosen Informationsaustausch

Diese Feststellung scheint trivial. Aber lediglich 46 % der deutschen Eltern von schulpflichtigen Kindern bestätigten in einer OECD-Umfrage, dass die Schule ihres Kindes regelmäßig nützliche Informationen über dessen Fortschritte zur Verfügung stellt. Im Durchschnitt der einbezogenen OECD-Länder waren es 74 %, in

Bulgarien, Italien und Island über 80 % und in Polen 93 % (OECD, 2007, S. 275).

Offene und rückhaltlose Information schafft Transparenz hinsichtlich der Unterrichts- und Erziehungspraxis der Lehrkräfte, des Schullebens, verfügbarer Ressourcen, organisatorischer Bedingungen und schulischer Entscheidungsprozesse.

Die authentischste Möglichkeit für Eltern, sich über die Unterrichts- und Erziehungspraxis der Lehrkräfte ihrer Kinder zu informieren, sind Hospitationen. Bremen hat im seinem Schulgesetz ausdrücklich ein Hospitationsrecht für Eltern und Elternvertreter/innen verankert (BremSchulG, 2005, § 61). Aber auch in den übrigen Bundesländern steht Unterrichtshospitationen der Eltern juristisch dann nichts im Wege, wenn Einvernehmen zwischen den Lehrkräften, der Schulleitung und den Schülereltern der Klasse besteht. Leider halten sich die meisten Lehrkräfte sehr zurück hinsichtlich angebotener Hospitationsmöglichkeiten (Sacher, 2014a, S. 85). Dass Hospitationen nicht immer und nicht mit beliebigen Teilnehmerzahlen möglich sind, dass bei ihrer Organisation einiges zu bedenken ist und dass sie sorgfältig vor- und nachbereitet und begleitet werden müssen, steht natürlich außer Frage (vgl. dazu Sacher, 2014a, S. 87f.).

Besonders stark hängt die Entwicklung von Vertrauen davon ab, wie gut Eltern die Leistungsanforderungen der Schule und ihre Prüfungs- und Beurteilungspraxis nachvollziehen und verstehen können – ein Ergebnis, das sich mit einem Befund einer groß angelegten Studie im Kanton Bern deckt (Neuenschwander et al., 2004, S. 166ff.). Auch das Ausmaß, in dem Zeugnisse über die Leistungen und das Lern-, Arbeits- und Sozialverhalten der Kinder informieren, korreliert stark mit dem Vertrauen, das Eltern der Schule entgegenbringen.

3.1.4 Vertrauen wächst dort, wo es entgegengebracht wird

Ein Vertrauenserweis der Schule kann darin bestehen, Eltern um Mitarbeit und Hilfeleistungen zu bitten. Allerdings tragen entsprechende Hilfsersuchen wenig zur Vertrauensbildung bei, wenn sie sich nur auf die peripheren Bereiche der Schule beziehen, also auf Aufführungen, Schulfeste, Exkursionen, Klassenfahrten, Mittagsbetreuung usw. Weitaus wirksamer sind Bitten um Unterstützung in größerer Nähe zum »Kerngeschäft« der Schule – bei Projekten, bei der Hausaufgabenbetreuung, bei Fördermaßnahmen oder im regulären Unterricht.

Ein Vertrauenserweis ist in gewisser Hinsicht auch die Einladung zu Rückmeldungen an die Schule oder an einzelne Lehrkräfte. Vergleichsweise stark vertrauensbildend wirkt sich schließlich auch die Bereitschaft von Lehrkräften aus, Vorschläge von Eltern aufzugreifen.

3.1.5 In Vorleistung gehen

Das Sprichwort sagt: »Wie man in den Wald hineinruft, so schallt es heraus.« Eltern verhalten sich gegenüber kontaktunwilligen Lehrkräften auch ihrerseits reserviert, und sie zeigen sich aufgeschlossen und kontaktbereit, wenn Lehrkräfte ihnen so begegnen (Sacher, 2005, S. 109). Offensichtlich wirkt es sich günstig aus, wenn Lehrkräfte insoweit in Vorleistung gehen, dass sie schon einmal ihre Rolle in der erstrebten Erziehungs- und Bildungspartnerschaft konsequent und klar erkenntlich übernehmen, den Eltern mit Respekt begegnen, ihre Anregungen gerne aufnehmen und ihnen Kooperationsangebote machen. Dadurch wird häufig eine positive Entwicklung in Gang gesetzt: Eltern fühlen sich eingebunden, machen sich frei von frustrierenden Erfahrungen der Vergangenheit, suchen öfter den Kontakt mit Lehrkräften, äußern sich offener und lassen sich vermehrt auf Kooperation ein.

3.1.6 Vertrauen entsteht im Bemühen um Konsens

Familie und Schule müssen nicht in allen Einstellungen, Zielen und Praktiken übereinstimmen. Bis zu einem gewissen Grade gilt sogar:

> »Familie und Schule regen durch ihre Differenz gegenseitig Entwicklungsprozesse an und bieten gegenseitige Innovationsquellen. ... Ein minimaler Konsens in Bezug auf den Grundauftrag [der Schule; die Autoren] und in Bezug auf die grundlegende Einstellung zum Kind jedoch ist erforderlich« (Neuenschwander et al., 2004, S. 160). D. h. Vertrauen wird aufgebaut, »wenn sich Eltern und Lehrpersonen über ihre Vorstellungen von Unterrichten und Erziehen, über Wahrnehmungen des Kindes, über Beurteilungen und Entscheidungen verständigen und so ihre Erwartungen, Verantwortungsbereiche, allfällige Maßnahmen und Ziele aufeinander abstimmen« (ebd.).

Dass dies in einer wertschätzenden und respektvollen Weise geschehen muss, scheint nach den obigen Ausführungen selbstverständlich.

3.2 Eltern stärken

3.2.1 Aufklärung und Beratung

Missverständnisse, Konflikte und Kontaktschwierigkeiten zwischen Schule und Elternhaus sind oft darauf zurückzuführen, dass Eltern Informationsdefizite haben oder die Bedeutung bestimmter Informationen nicht richtig einschätzen:

- So ist vielen Eltern nicht klar, wie in einer Erziehungs- und Bildungspartnerschaft zwischen Schule und Elternhaus die Aufgaben und Rollen verteilt sind.
- Vielen ist nicht bewusst, in welchem Maße der Bildungserfolg von Kindern und Jugendlichen von Einflüssen der Familie abhängt.

- Viele unterstützen ihre Kinder auf die falsche Weise, weil sie nicht wissen, worauf es bei der häuslichen Förderung entscheidend ankommt.
- Viele haben falsche Vorstellungen von Erziehung oder fühlen sich bestimmten erzieherischen Herausforderungen (Computerspiele, Soziale Medien, Drogen ...) nicht gewachsen.
- Nur ein Teil der Eltern verfügt über differenzierte Kenntnisse des Schulsystems, der möglichen Bildungslaufbahnen, Übergänge, Abschlüsse und Berechtigungen.

Hier kann die Schule durch Aufklärung ansetzen und Eltern helfen, ihren Teil der Verantwortung zu übernehmen. Wie Forschungen des Peabody Colleges (2002) an der Vanderbilt University in Nashville Tennessee zeigten, ist solche Aufklärung umso effektiver, je mehr Eltern überzeugt werden können,

- dass eine gemeinsame partnerschaftliche Verantwortung von Schule und Elternhaus für die Bildung und Erziehung ihrer Kinder hilfreich ist,
- dass sie mit ihrem Engagement wesentlich zum Bildungs- und Erziehungserfolg ihrer Kinder beitragen können,
- dass die Schule ihr Engagement wirklich will,
- dass ihre Kinder ihr Engagement wollen und benötigen.

Häufig muss Aufklärung fließend in Beratung übergehen, weil bloßes Informieren nicht genügt. In Vorträgen, Gesprächen oder Informationsmaterialien gegebene Hinweise reichen oft nicht aus, wenn konkrete Maßnahmen zu ergreifen sind. So sind z. B. die Empfehlungen, hohe Erwartungen an seine Kinder zum Ausdruck zu bringen, mit ihnen zu lesen, offen und interessiert zu kommunizieren und sie autoritativ-partizipatorisch zu erziehen, im konkreten Fall gar nicht so einfach umzusetzen, wie es zunächst scheinen könnte. Mindestens ein Teil der Eltern benötigt über solche allgemeinen Hinweise hinaus zusätzlich Beratung und Unterstützung. Lehrkräfte sollten deshalb in der Lage sein, den Eltern ihrer Schülerinnen und Schüler bei Bedarf Vorschläge zu machen, wie sie ihre Kinder zuhause auf geeignete Weise unterstützen können.

Bedenken, Eltern könnten Beratung durch Lehrkräfte als Einmischung in ihre Familienangelegenheiten empfinden und ablehnen, sind jedenfalls dann unbegründet, wenn die Beratung nicht ungebeten erfolgt. Viele Eltern sehen in den Lehrkräften ihrer Kinder nicht nur Unterrichtsspezialisten, sondern auch pädagogische Fachleute, von denen sie Beratung in Erziehungsfragen wünschen. Das zeigte auch die bayerische Repräsentativuntersuchung zur Elternarbeit in aller Deutlichkeit. Viele Eltern möchten demnach mit den Lehrkräften ihrer Kinder nicht nur über das Lernen, die Leistungen und das schulische Verhalten der Kinder sprechen, sondern auch über Schullaufbahnfragen, Drogen- und Gewaltprobleme, Hochbegabung, Sexualerziehung, Fragen der Berufswahl, die Entwicklung im Kindes- und Jugendalter und über Erziehungsprobleme (Sacher, 2004, S. 101, S.107).

Auch in diesem Zusammenhang ist es wichtig, dass Lehrkräfte bereit sind, in Vorleistung zu gehen. Für die zentralen Aspekte der heimbasierten Unterstützung – vor allen Dingen für hohe und optimistische Erwartungen an die Kinder und für einen autoritativ-partizipativen Erziehungsstil – sollten die Lehrkräfte auch durch ihre eigene Erziehungs- und Unterrichtspraxis Vorbilder sein, an denen sich die Eltern orientieren können.

3.2.2 Elternbildung und Erziehungstrainings

Bedarf an Elternbildung durch die Schule

Nach dem Jugendforscher Hurrelmann (2007) hat nur ein Drittel der deutschen Eltern ausreichende Erziehungskompetenz, ein weiteres schlägt sich irgendwie durch und das restliche Drittel hat starke erzieherische Probleme bis hin zur Gefahr der Verwahrlosung.

Diese Verhältnisse sind nicht unbedingt auf nachlassendes Erziehungsinteresse von Eltern zurückzuführen. Erziehung ist auch zunehmend schwieriger geworden. Vielfältige Familienstrukturen und Wertorientierungen, ökonomische Unsicherheit und zahlreiche »Miterzieher« (Massenmedien, Fernsehen, Videofilme, Computer, Peers) erschweren die Erziehung (Berger, 2018; Fend & Berger, 2016).

Angesichts verbreiteter Defizite an Erziehungskompetenz erweist sich Elternbildung zunehmend als eine wichtige Aufgabe der Elternarbeit pädagogischer Organisationen. Dabei kommt der Schule eine herausragende Bedeutung zu, da sie in der Pflichtschulzeit den umfassendsten Zugang zu allen Eltern und zu deren Kindern hat.

Aber auch in eigener Sache ist die Schule gehalten, sich mit Elternbildung zu befassen: Durch Elternbildung können schwierige Situationen vermieden werden, zu denen es kommt, weil Eltern einseitige Erziehungsstile praktizieren oder weil sie nicht ausreichend über Erziehungskompetenz verfügen. Und auch aktuelle Probleme mit Eltern können oft nur durch Maßnahmen der Elternbildung nachhaltig gelöst werden.

Der Begriff »Elternbildung« darf in diesem Zusammenhang nicht zu der irrigen Annahme verführen, dass es um bloße Belehrung gehe, die man z. B. durch eine Vortragsreihe oder durch Informationsmaterial vermitteln kann. In der Regel ist es auch nötig, Einstellungen zu ändern und Verhalten zu trainieren, und nicht selten ist es erforderlich, die ganze Familie einzubeziehen.

Es steht außer Frage, dass die Schule mit der Aufgabe, eigenständig Elternbildungs-Veranstaltungen anzubieten und durchzuführen, überfordert wäre. Dafür haben Lehr- und Fachkräfte weder die Zeit noch die erforderliche Fachkompetenz. Normalerweise sind solche Veranstaltungen nur in Kooperation mit außerschulischen Einrichtungen wie beispielsweise Erziehungsberatungsstellen, dem Kinderschutzbund, Einrichtungen der Jugendhilfe, schulpsychologischen Diensten etc. sinnvoll und organisierbar. Die Aufgabe der Schulleitung und der Lehrkräfte besteht v. a. darin, Eltern über Angebote verschiedener Veranstalter zu informieren, sie bei der Auswahl zu beraten, möglichst auch Angebote am Schulstandort zu organisieren, den Kontakt zu den Eltern herzustellen und sie zur Teilnahme zu motivieren. Die Durchführung selbst sollte bei dafür geschulten Personen der kooperierenden Einrichtungen oder Vereine liegen.

In den letzten Jahrzehnten wurde auch in Deutschland eine Reihe von Kursen und Trainings entwickelt. Manche fokussieren allgemein auf die Verbesserung der Beziehungsqualität und der Kommunikation zwischen Eltern und Kindern, andere auf die Steigerung der Erziehungskompetenz, wiederum andere konzentrieren sich auf bestimmte Schwerpunkte wie etwa eine gewaltfreie Erziehung, Kriminalitäts- oder Suchtprävention.

Im Folgenden sollen einige Programme exemplarisch beschrieben werden:

Starke Eltern – starke Kinder[10]

Im Jahr 2000 wurde die gewaltfreie Erziehung in § 1631 Abs. 2 des Bürgerlichen Gesetzbuches verankert. Begleitend dazu entwickelte der Deutsche Kinderschutzbund die Elternkurse »Starke Eltern – Starke Kinder«, um Eltern konkrete Hilfestellungen für eine gewaltfreie Erziehung anzubieten.

Die Kurse umfassen 8 bis 12 Kurseinheiten mit einer Gesamtdauer von mindestens 16 Stunden. Die Teilnehmerzahl soll möglichst zwischen 8 und 16 liegen.

Die Kurse haben zum Ziel, die Erziehungskompetenz von Eltern zu stärken und zugleich psychische und physische Gewalt in den Familien zu verhindern. Außerdem soll Kindern die Möglichkeit eröffnet werden, das Familienleben stärker mitzubestimmen und mitzugestalten. Erreicht werden sollen diese Ziele durch Festigung des Selbstvertrauens der Eltern und Verbesserung ihrer Kommunikationsfähigkeit.

10 Vgl. im Einzelnen Honkanen-Schoberth, 2003; https://www.familienhandbuch.de/unterstuetzungsangebote/bildungsangebote/ekstarkeeltern.php [14.12.2018].

In den Einheiten werden z. B. folgende Themen behandelt:

- Was ist wichtig in der Erziehung?
- Welche psychischen Grundbedürfnisse haben Kinder?
- Wie lassen sich die Bedürfnisse der Kinder und Eltern abgleichen?
- Wie muss ich sprechen, damit mein Kind mir zuhört?
- Wie muss ich zuhören, damit mein Kind mit mir spricht?
- Wie benutze ich als Erzieher/in Macht?

Im Prinzip können alle Belange des Familienalltags zur Sprache kommen.

Jedes Kurstreffen besteht aus einem Theorie- und einem Praxisteil. Am Ende jedes Treffens erhalten die Eltern jeweils den Arbeitsauftrag, bestimmte Verhaltensweisen bis zum nächsten Treffen in der Familie zu erproben oder zu beobachten.

Der gesamte Kurs wird durch einheitliche Evaluationsbögen evaluiert.

FAST – Families and Schools together[11]

FAST ist ein Präventionsprogramm zur Stärkung von Familien, das 1988 von Dr. Lynn McDonald (Universität Wisconsin) entwickelt wurde. Es verbindet Ansätze der Entwicklungspsychologie, der systemischen Familientherapie, der Spieltherapie und der Gemeinwesenarbeit und wurde weltweit schon an über 700 Schulen durchgeführt.

FAST wird von einem vorher geschulten Team aus professionellen Pädagog/innen, Sozialarbeiter/innen und Eltern mit jeweils 7 bis 15 Familien einer Schule oder Kindertageseinrichtung durchgeführt. FAST versteht sich ausdrücklich nicht als Elterntraining, sondern als ein Programm, das die Erziehungskompetenz der El-

11 Vgl. http://www2.uni-siegen.de/ und https://www.childtrends.org/programs/families-and-schools-together [17.12.2018].

tern stärkt, indem es den Zusammenhalt der Familien fördert und ihre Beziehungen zur Schule und Kommune verbessert.

Die Familien treffen sich über einen Zeitraum von acht Wochen an den sogenannten FAST-Nachmittagen zu Familienspielen und zum Erfahrungsaustausch. Die Treffen finden z. T. auch in den Familien und manchmal auch in getrennten Gruppen für Eltern und Kinder statt. Anschließend an das eigentliche Programm organisieren die Familien selbst monatliche Familientreffen (FAST-Works).

Ziele und Inhalte von FAST sind im Einzelnen:

- die Förderung der Familienentwicklung:
  - durch Stärkung der Eltern-Kind-Beziehung,
  - durch Würdigung und Förderung der Erziehungskompetenz von Eltern,
  - durch Optimierung der sozialen Unterstützung, die Eltern erfahren,
- die Prävention von Schulversagen
  - durch Intensivierung der Beziehung zwischen Elternhaus und Schule,
  - durch Förderung der elterlichen Beteiligung,
- die Reduzierung von Alltagstress und Familienkonflikten
  - durch Optimierung der Beziehung zu Gleichaltrigen,
  - durch Einbindung in soziale Netze des Nahraums.

STEP – Systematic Training for Effective Parenting/Systematisches Training für Eltern und Pädagogen[12]

Das von den amerikanischen Psychologen Don Dinkmeyer Sr., Gary D. McKay und Don Dinkmeyer Jr. entwickelte Programm beruht auf Grundlagen der Individualpsychologie und der humanistischen Psychologie. Es will Erzieher/innen anleiten, Kinder und Jugendliche auf der Grundlage eines demokratischen Erziehungsstils re-

12 Vgl. https://www.instep-online.de/ und https://de.wikipedia.org/wiki/Elternkurs [17.12.2018].

spektvoll und wertschätzend zu begleiten. Zielgruppe sind sowohl Eltern, die präventiv ihre Erziehungskompetenz stärken wollen, als auch Eltern, die aktuelle Erziehungsprobleme haben.

Im Einzelnen zielt es darauf ab,

- verlässliche Bindungen in der Familie aufzubauen und ein tägliches Miteinander zu ermöglichen, das von gegenseitigem Respekt, Liebe und Wertschätzung geprägt ist,
- den Alltag in Kita und Schule wertschätzend und professionell zu gestalten,
- gelingende Erziehungs- und Bildungspartnerschaften in Kita und Schule zu entwickeln,
- den Stress im Familien- und Berufsalltag zu reduzieren.

STEP bietet auch berufsspezifische professionelle Weiterbildungen für Erzieherinnen und Erzieher, Lehrkräfte und pädagogische Fachkräfte an.

Im über zehn Wochen dauernden Kurs (mit je zwei- bis zweieinhalbstündigen Treffen pro Woche) üben die Teilnehmer durch Erfahrungsaustausch in der Gruppe. Sie lernen zudem durch spezielle Übungen, Power-Point-Präsentationen, Videos und Rollenspiele Ermutigung und gute Kommunikation zu erkennen und Fehlverhalten zu vermeiden. Nach jeder Kurseinheit trainieren die Teilnehmer das Erlernte zu Hause und sammeln Erfahrungen, die dann in der nächsten Sitzung in der Gruppe besprochen werden.

Triple P – Positive Parenting Program[13]

Triple P wurde an der australischen Universität Queensland von Matthew Sanders und seinen Mitarbeiterinnen und Mitarbeitern entwickelt und ist aktuell in mehr als 25 Ländern verbreitet. Das Training verfolgt das Ziel, »die kindliche Entwicklung zu fördern

13 Vgl. https://www.triplep.de/de-de/startseite/ [17.12.2018] und Markie-Dadds, Sanders & Turner, 2003, sowie Sacher, 2008a, S. 219–221.

und auf konstruktive und nicht verletzende Art und Weise mit kindlichem Verhalten umzugehen« (Markie-Dadds, Sanders & Turner, 2003, S. 2). Triple P legt besonderen Wert darauf, Eltern einfache und praktische Erziehungsfertigkeiten zu vermitteln. Dazu werden stets sehr konkrete und praxisnahe Informationen gegeben und es wird das Vorgehen durchgängig an Beispielen verdeutlicht.

Das Training besteht aus zehn Lektionen, die u. a. folgende Themen behandeln:

- Was ist Positive Erziehung?
- Faktoren, die das Verhalten von Kindern beeinflussen,
- Ziele für Veränderungen,
- Kindliches Verhalten genau beobachten,
- Entwicklung positiver Beziehungen zu Kindern,
- Förderung angemessenen Verhaltens,
- Vermittlung neuer Fertigkeiten und Verhaltensweisen,
- Umgang mit Problemverhalten,
- Entwicklung von Erziehungsroutinen,
- Überlebenstipps für Familien,
- Risikosituationen,
- Fortschritte überprüfen,
- Veränderungen aufrechterhalten,
- Planung praktischer Übungen,
- Erstellen, Durchführen und Überprüfen von Aktivitätenplänen.

Herausforderungen für schulische Elternbildung

Durch die Schule organisierte und vermittelte Elternbildungsmaßnahmen sind mit einigen Herausforderungen verbunden. Werden sie nicht bewältigt, kann es leicht dazu kommen, dass Eltern die Angebote ablehnen oder dass zumindest die eigentliche Zielgruppe nicht erreicht wird:

- *Die Angebote dürfen nicht kostenpflichtig sein.* Kostenpflichtige Angebote können oft gerade von jenen Eltern, die den größten Qualifizierungsbedarf haben, nicht genutzt werden. Kostensenkungen sind möglich durch das Gewinnen von Sponsoren und durch die Einbindung lokaler Fachleute (Sozialarbeiter, Beratungslehrkräfte, Schulpsychologen, Erziehungsberater usw.). Die Kooperation mit lokalen und regionalen Partnern empfiehlt sich nicht nur aus Kostengründen, sondern auch um der Kontinuität und Nachhaltigkeit willen.
- *Die Angebote dürfen kein höheres Bildungsniveau voraussetzen.* Gefragt sind keine Erziehungstheorien und keine Forschungsübersichten. Vielmehr sollten einfache Prinzipien vermittelt und Lösungen für praktische Fallbeispiele besprochen werden. Gar nicht in Frage kommt die Verwendung umfangreicher und anspruchsvoll formulierter schriftlicher Materialien oder ganzer Ratgeber-Bücher. Bildungsferne Eltern und Eltern aus nichtdeutschen Herkunftskulturen können davon häufig wenig profitieren, und auch die übrigen finden oft nicht die Zeit für eine gründliche Lektüre.
- *Die Angebote dürfen nicht als Eingriff der Schule in die Privatsphäre der Familien erscheinen,* d. h. bei Eltern nicht den Eindruck erwecken, die Schule mische sich in persönlichen Angelegenheiten ein. Auch mit Rücksicht darauf liegt es nahe, dass Schulen nicht selbst solche Trainings durchführen, sondern externe Partner damit betrauen. Manche Schulen bieten gemeinsame Fortbildungsveranstaltungen zu Erziehungsfragen für Eltern und Lehrkräfte an. Auch die Offenheit der Lehr- und Fachkräfte für Anregungen von Eltern ist ein wichtiges Signal, dass es ihnen um partnerschaftliche Kooperation und nicht um Einmischung geht.
- *Der Besuch von Elternbildungsveranstaltungen darf nicht stigmatisieren.* Auf gar keinen Fall darf in der Schulöffentlichkeit der Eindruck entstehen, Eltern, welche die Angebote nutzen, hätten in besonderem Maße Erziehungsprobleme mit ihren Kindern, was dann meistens dazu führt, dass die Angebote erst gar nicht

wahrgenommen werden, weil niemand in solchen Verdacht geraten möchte. Gemeinsame Fortbildungsveranstaltungen für Eltern und Lehrkräfte sind auch hier ein Ausweg. Außerdem ist man im Allgemeinen gut beraten, Elternbildungsveranstaltungen schwerpunktmäßig beim Schuleintritt und beim Übertritt in Schulen der Sekundarstufe anzubieten. In solchen Anfangsphasen kann man am besten viele Eltern dafür gewinnen, sich angesichts des beginnenden neuen Lebensabschnittes ihrer Kinder auf einige Grundlagen der Erziehung zu besinnen und Rat und Hilfe anzunehmen.

- *Auch das Anbieten solcher Veranstaltungen als »Elternbildung« stößt bei manchen Eltern auf Vorbehalte.* Sie fühlen sich als Erwachsene nicht ernst genommen, wenn sie als Adressaten von Bildungsmaßnahmen behandelt werden. Besser akzeptiert werden Angebote wie »Arbeitskreis Entwicklung, Bildung, Erziehung«, »Forum Pubertät« oder ähnliche.

Ressourcen in der Elternschaft

Eine noch zu selten genutzte Ressource für Elternbildungsmaßnahmen ist die Erziehungskompetenz erfahrener Eltern in der Schulelternschaft. An manchen Schulen sind durch ihre Initiative Elterngesprächskreise und Selbsthilfegruppen entstanden.[14] Elterncafés und Elternbibliotheken bieten Gelegenheiten, auch über Erziehungsfragen ins Gespräch zu kommen. In einer norddeutschen Grundschule wurden mit solchen Gesprächen am Rande eines Kochkurses für Eltern gute Erfahrungen gemacht. Niederschwellige Peer-to-Peer-Angebote dieser Art umgehen die meisten der genannten Herausforderungen und vermeiden vor allem den Eindruck, die Schule wolle sich in Belange der Familien einmischen.

Einen interessanten Weg geht die Elternstiftung Baden-Württemberg[15]: Sie organisiert in einem flächendeckenden Netzwerk

14 Vgl. dazu z. B. Dusolt, 2001, S. 70–79.
15 Siehe www.elternstiftung.de [17.12.2018].

Fortbildungen für sogenannte »Elternmentoren«, welche andere Eltern der Schule beraten und unterstützen, insbesondere auch deprivilegierte Eltern und Eltern mit Migrationshintergrund. Ähnlich arbeiten häufig die an manchen Orten eingesetzten »Bildungslotsen«. Außerdem verfügt die Schule über indirekte Möglichkeiten des Elterntrainings durch Hospitation und Mitwirkung der Eltern im Unterricht. Eltern können hier am Beispiel der Lehrkraft den professionellen Umgang mit Kindern lernen. Wenn auch nur in einzelnen Aspekten, so kann doch bei Informationsveranstaltungen und Einzelgesprächen sowie durch thematische Elternrundbriefe dem Anliegen des Elterntrainings Rechnung getragen werden.

3.3 Gesprächskultur etablieren[16]

Schwierige Situationen entstehen oft erst dadurch, dass Gespräche unbefriedigend verlaufen oder eskalieren. Eine von den Lehr- und Fachkräften praktizierte prosoziale Gesprächskultur kann viel dazu beitragen, dies zu vermeiden. Sie zeichnet sich dadurch aus, dass man die äußere Situation überlegt gestaltet, elementare Regeln der Gesprächsführung beachtet und auch die Art des beabsichtigten Gesprächs bedenkt. Vor allen Dingen aber muss die Haltung der Lehr- und Fachkräfte mit allen ihren organisatorischen Maßnahmen und ihrem Kommunikationsverhalten übereinstimmen und glaubwürdig eine offene und positive Zuwendung zu den Gesprächspartnern ausdrücken. Andernfalls besteht die Gefahr, dass diese sich auch durch eine umsichtige und professionelle Gesprächsführung manipuliert fühlen und abblocken.

16 Im Einzelnen vgl. vor allem Weisbach, 2003.

3.3.1 Angemessene Haltung

Besonders für Gespräche mit Partnern in schwierigen Situationen ist eine Haltung günstig, die sich an Prinzipien des »Motivational Interviewing« orientiert[17]:

Partnerschaftlichkeit

Beraterinnen und Berater verstehen sich nicht als Experten für die Probleme ihrer Gesprächspartnerinnen und -partner und schon gar nicht als Spezialisten für deren Lösung, sondern als Begleiter bei der Problemlösung. D. h. es geht ihnen nicht darum, ihre Gesprächspartner zu bestimmten gewünschten Veränderungen zu bewegen, sondern deren eigene Ressourcen zu aktivieren und damit eine für sie zufriedenstellende Lösung zu finden (Bartscher, 2018, S.15f.).

Akzeptanz

Fach- und Lehrkräfte sollten ihre Gesprächspartner/innen so akzeptieren, wie sie sich ihnen zeigen. Dazu gehört,

- dass sie ihnen bedingungsfreie positive Wertschätzung entgegenbringen,
- Empathie zeigen, d. h. sich bemühen, sie zu verstehen und sich in ihre Lage zu versetzen,
- ihre Autonomie unterstützen, indem sie ihre Eigenverantwortlichkeit respektieren und folglich auf jede Art der Beeinflussung wie Belehrungen oder gar Drohungen verzichten.

17 Vgl. dazu Bartscher, 2018, S.14–19. Der Autor bietet auch einen Set von Bildkarten an, mit denen eine angemessene Haltung reflektiert und eingeübt werden kann.

Mitgefühl

Mitgefühl ist der »ethische Impuls, zum Wohle des Adressaten zu handeln und nicht zum eigenen Nutzen« (Bartscher, 2018, S.18),

Evokation

Diesem Prinzip liegt die Überzeugung zugrunde, dass der Partner/die Partnerin über Ansätze und Ressourcen zur Lösung seiner/ihrer Probleme verfügt und dass diese vom Berater durch eine geeignete Gesprächsführung aktiviert werden können.

3.3.2 Gestaltung der äußeren Situation

Gespräche mit Eltern sollten möglichst in einem ansprechend eingerichteten *Elternsprechzimmer* geführt werden, das in einem ruhigen Trakt des Schulhauses untergebracht ist, und nicht in einem leeren Klassenzimmer oder in einem Nebenraum oder auf dem Flur.

Auch *Zeitdruck ist zu vermeiden.* D. h. Gespräche sollten z. B. nicht während eines Stundenwechsels oder am Ende eines Unterrichtsvormittags, wenn alle schon auf dem Absprung sind, stattfinden.

Im Sitzen geführte Gespräche laufen weniger Gefahr zu eskalieren als solche im Stehen. Dabei sollte für alle Gesprächsteilnehmer ein bequemer Erwachsenenstuhl zur Verfügung stehen, damit nicht die Lehrkraft von einer erhöhten Position herab auf die Eltern einredet.

Statt sich gegenüber zu sitzen, sollten die Gesprächsteilnehmer besser in einem *90-Grad-Winkel zueinander* sitzen. Diese Anordnung verführt weniger zur Konfrontation und erleichtert es z. B., gemeinsam Unterlagen durchzusehen.

3.3.3 Allgemeine Regeln der Gesprächsführung

Egal, welche Art von Gespräch man führt, tut man gut daran, einige grundlegende Regeln zu beachten:

- Gute Gesprächsführung besteht zum großen Teil aus der *Kunst des Zuhörens.* So genanntes Pseudo-Zuhören ist zu vermeiden. Statt nur auf die nächste Gelegenheit zu lauern, das Wort zu ergreifen und das Gespräch an sich zu reißen, sollte man sich um wirkliches Zuhören und Verstehen bemühen.
- Lehrkräfte, die eine gute Gesprächsführung beherrschen, gehen achtsam mit *Gesprächspausen* um: Sie ziehen das Gespräch erst dann wieder an sich, wenn die Partnerin bzw. der Partner aufhört zu sprechen und direkten Blickkontakt sucht oder sie ausdrücklich dazu auffordert.
- Solche Lehrkräfte *zeigen* auch vernehmbar, *dass sie wirklich zuhören* und zu verstehen suchen, vor allem durch Blickkontakt, durch echtes Schweigen bei voller, aufmerksamer Zuwendung zur Partnerin bzw. zum Partner und durch andere körpersprachliche und verbale Signale (Kopfnicken, Wimpernschlag, »Hm«, »Aja«).
- Sie praktizieren *aktive Formen des Zuhörens:* Sie geben das Gehörte mit eigenen Worten wieder und registrieren, was der Andere sagt. Sie achten auch darauf, wie er es sagt und was er dadurch über seine Gefühle verrät. Sie verbalisieren diese Wahrnehmung seiner Gefühle und geben dadurch ihrer Gesprächspartnerin bzw. ihrem Gesprächspartner das Gefühl, verstanden zu werden.
- Eine gute Gesprächsführung orientiert das Gesprächsverhalten daran, dass jede Mitteilung einer Gesprächspartnerin bzw. eines Gesprächspartners *vier Botschaften* enthält:
  - den *sachlichen Gehalt,* z. B. die Auffassung eines Vaters von der Qualität des Aufsatzes seines Sohnes,
  - eine zumindest implizite *Aufforderung* an die Partnerin bzw. den Partner, sich auf bestimmte Weise zu verhalten, z. B. die Erwartung, dass die Lehrkraft die Note anhebt,

- eine *Mitteilung über die Beziehung* zur Partnerin bzw. zum Partner, etwa die Anspielung, dass der Vater als Redakteur einer Tageszeitung mindestens ebenso viel von der Gestaltung eines Textes versteht wie die Lehrkraft, sich somit als fachlich ebenbürtig ansieht,
- eine *Aussage* der Partnerin bzw. des Partners *über sich selbst,* z.B. die Sorge, dass der Sohn das Abitur vielleicht nicht schaffen wird.

Es ist keineswegs zwingend und auch nicht immer ratsam, hauptsächlich auf den sachlichen Gehalt einer Botschaft einzugehen. Oft ist es günstiger, die impliziten Aufforderungen, die möglicherweise enthaltenen Sorgen oder die darin angedeutete Auffassung von der Beziehung zu verbalisieren.

- Eine gute Gesprächsführung *vermeidet alle Verhaltensweisen, welche Einverständnis suggerieren* (»Ich glaube, dass Sie damit einverstanden sind...«) und damit häufig Widerstände bei der Gesprächspartnerin bzw. dem Gesprächspartner (Reaktanz) provozieren. Ebenso unterlässt sie Verhaltensweisen, welche *Entscheidungsspielräume einschränken,* z.B. verfrühte Ratschläge und Empfehlungen, Anweisungen und Aufforderungen. Ungünstig sind auch *drängende und bohrende Fragen, Tadel, Kritik und Vorwürfe und billiges Lob,* welches der Partnerin bzw. dem Partner den Eindruck vermittelt, dass dadurch künftiges Verhalten gesteuert werden soll. Um dem Eindruck einer Manipulationsabsicht zu begegnen, sind Verben wie »müssen«, »sollen«, »dürfen«, »zwingen«, »versuchen«, »sich anstrengen« möglichst zu vermeiden. Stattdessen verwendet man besser »können«, »wollen«, »möchten«. Anstelle direkter Fragen stellt man besser indirekte bzw. reflexive Fragen, die man einleitet durch Formulierungen wie »Ich überlege mir gerade...«, »Ich frage mich...«. Ungebetene Ratschläge sind zu ersetzen durch Angebote, die mit Formulierungen eingeleitet werden wie »Ich bin mir im Moment nicht sicher, ob Sie meinen Rat möchten...«.

- Zu vermeiden sind auch weitere *»Gesprächsstörer«:* Überreden, Warnen, Drohen, Bewerten, Herunterspielen, Bagatellisieren, Nicht-ernst-Nehmen, Ironisieren, Ausfragen, Von-sich-selbst-Reden, Ursachen aufzeigen und Hintergründe deuten.
- Stattdessen sollten *»Gesprächsförderer«* verwendet werden: Wiederholen, Paraphrasieren und Zusammenfassen von Ausführungen der Partnerin bzw. des Partners, Bitten um Erläuterungen, einschränkende Wiederholungen, übertreibende Bestätigungen und Denkanstöße z.B. durch In-Beziehung-Setzung verschiedener Äußerungen oder durch die Aufforderung, sich Konsequenzen vorzustellen.
- Von Nachteil sind in der Regel *Du-Botschaften,* d.h. Aussagen, welche das Verhalten der Partnerin bzw. des Partners interpretieren, beurteilen und bewerten. Günstiger ist die Verwendung von *Ich-Botschaften,* d.h. von Aussagen, welche Auswirkungen dieses Verhaltens auf die eigene Befindlichkeit aufzeigen.

Insgesamt sollte man eher versuchen, die Absichten der Partnerin bzw. des Partners zu ergründen und mit ihm/ihr gemeinsam Ziele zu formulieren, statt Ursachenforschung zu betreiben, die häufig nur zu Widerstand auslösenden Schuldzuweisungen führt.

3.3.4 Gesprächsarten unterscheiden

Es macht einen großen Unterschied, aus welchem Anlass und zu welchem Zweck ein Gespräch geführt werden soll. Ein Gespräch, in welchem Eltern Beratung suchen, in welche weiterführende Schule sie ihr Kind am besten schicken, wird naturgemäß anders verlaufen als ein Gespräch, in dem sie sich über eine aus ihrer Sicht ungerechtfertigte Beurteilung ihres Kindes beschweren. Und noch einmal anders ist ein Gespräch zu führen, in dem Eltern über besondere Fördermöglichkeiten für ihr Kind informiert werden sollen oder wollen, oder auch ein Gespräch, das primär darauf abzielt, Verhaltensstrategien zu entwickeln, die einem Schüler helfen, von seinen Mitschülern akzeptiert zu werden. Es ist wenig sinnvoll, ein Gespräch zu führen, ohne sich vorher im Klaren darüber zu sein, was man damit bezweckt und welche Erwartungen die Partnerin bzw. der Partner damit verbindet. Häufig ist es angebracht, zuerst die beiderseitigen Erwartungen offenzulegen und sich darüber auszutauschen.

Beratungsgespräche

Ungefragt Ratschläge zu erteilen, ist meistens kontraproduktiv. Aber es kann vorkommen, dass Eltern von sich aus ein Beratungsgespräch suchen, weil sie unsicher sind, wie sie sich in einer bestimmten Situation entscheiden oder verhalten sollen oder wie das Verhalten ihres Kindes zu deuten ist. In solchen Fällen sollten einige professionelle Standards beachtet werden:

Zunächst ist sicher zu stellen, dass Eltern nicht mit falschen Erwartungen in das Gespräch gehen:

- Sie dürfen nicht erwarten, von der Lehrkraft konkrete und klare »Ratschläge« zu erhalten, für welche diese die volle Verantwortung übernimmt. Es gibt kein simples Rezeptwissen, das von Lehrkräften oder anderen pädagogisch geschulten Personen einfach an Eltern weitergegeben werden kann und sich mit Erfolg auf jeden konkreten Fall anwenden lässt.
- Sie dürfen von einem Beratungsgespräch auch nicht nur die Bestätigung längst getroffener Entscheidungen erwarten.

Die Ratsuchenden sollen zwar Hilfestellungen für die Lösung ihres Problems bekommen. Aber sie selbst haben zu entscheiden, was sie letztlich tun. Andererseits lassen sich die Berater und Beraterinnen nicht von vornherein auf eine Zielvorgabe der Ratsuchenden festlegen, sondern versuchen, ihnen das Spektrum der Möglichkeiten aufzuzeigen. Darüber hinaus kann Rat z. B. mit Formulierungen angeboten werden wie »Ich bin mir im Moment nicht sicher, wie weit Sie meinen Rat möchten« oder »Ich frage mich gerade, ob Ihnen mit einer Empfehlung meinerseits gedient ist« (Weisbach, 2003, S. 171).

Normalerweise wird ein Beratungsgespräch bzw. eine Sequenz von Beratungsgesprächen in folgenden *Phasen* ablaufen[18]:

- In einer kurzen *Kontaktphase* sollte zunächst eine positive Beziehung zum Ratsuchenden hergestellt werden (freundliche Begrüßung, ein paar persönliche Worte, Ausstrahlen von Optimismus).
- Es folgt die Formulierung der *Zielsetzung* der Beratung, z. B. die Betonung der Beraterin oder des Beraters, dass es nur darum geht, Lösungsmöglichkeiten zu suchen, dass aber keine abschließende Empfehlung gegeben wird, dass vielmehr die Ratsuchenden anschließend selbst entscheiden müssen. Vor allen Dingen aber sollen die Ratsuchenden hier den erwünschten Zustand möglichst konkret beschreiben bzw. in der Phantasie vorwegnehmen.
- *Schilderung der Situation und des Problems:* Hier sollen die Ratsuchenden möglichst ohne Unterbrechung zur Sprache kommen. Sinnvoll und erwünscht sind natürlich klärende Verständnisfragen der beratenden Person (aktives Zuhören).
- Es folgt die *Problemanalyse:* Jetzt werden gemeinsam unterschiedliche Standpunkte und Sichtweisen herausgearbeitet, Hypothesen über Ursachen gegenwärtiger Sachverhalte und Vermutungen über die weitere Entwicklung formuliert und nach Möglichkeit mit konkreten Daten, Beobachtungen, Testergebnissen, Prüfungsleistungen usw. untermauert.
- In der folgenden Phase versucht der Berater bzw. die Beraterin gemeinsam mit den Ratsuchenden *Lösungsansätze und Handlungsstrategien* mit ihren vermutlichen Konsequenzen zu entwickeln und den Entscheidungsspielraum sukzessive einzuschränken, z. B. indem Handlungsalternativen ausgeschieden werden, die

18 Vgl. Knapp, 2001, S. 75–76; Textor 2005, S. 75–76; Pfitzner 2007, S. 395ff.

rechtlich unzulässig oder mit unzumutbarem Aufwand verbunden sind.

- In der *Entscheidungsphase* erfolgt die Festlegung der Ratsuchenden auf eine Handlungsalternative. Oft wird es dazu erst nach einer gewissen Bedenkzeit in einem neuerlichen Gespräch kommen. In vielen Fällen ist es sinnvoll, gemeinsam noch einmal die Realisierbarkeit der gewählten Alternative zu prüfen.
- Es schließt sich die *Planung der Umsetzung* an. Hier sollten konkrete Handlungsschritte bedacht, ihre zeitliche Reihenfolge und der insgesamt veranschlagte Zeitrahmen festgelegt, Hilfsmittel und kooperierende Personen oder Institutionen erwogen werden usw. Oft ist es nahe liegend, die wichtigsten Punkte in einer Vereinbarung oder einem Vertrag festzuhalten.
- Wiederum in einigem zeitlichen Abstand folgt eine *Evaluationsphase*: Nun wird geprüft, ob die gewählte Handlungsalternative zum gewünschten Ziel führte. Ist das nicht der Fall, beginnt der Zyklus von Neuem.

Der Verlauf eines Beratungsgesprächs stellt sich also wie folgt dar:

Verlauf eines Beratungsgesprächs

- Kontaktphase,
- Zielsetzung,
- Schilderung der Situation und des Problems,
- Problemanalyse,
- Lösungsansätze und Handlungsstrategien,
- Entscheidungsphase,
- Planung der Umsetzung,
- Evaluationsphase.

Diese Abfolge ist kein starrer Schematismus. Manchmal wird man die Reihenfolge der Phasen etwas umstellen oder zwei zusammenfassen. Es sollte aber gewährleistet sein, dass alle Phasen vollständig durchlaufen werden.

Informations- und Überzeugungsgespräche

Ein Informationsgespräch ist kein wirkliches Gespräch zwischen mehreren Partnern, sondern eher eine Form der Einwegkommunikation, bei welcher ein Partner Informationen an andere Partner gibt. Informationsgespräche finden z. B. statt, wenn Lehrkräfte im Zusammenhang eines Elternsprechtages Eltern über den Leistungsstand ihrer Kinder informieren. Generell sollte man sich bei Informationsgesprächen vergewissern, dass die gegebene Information richtig verstanden und auf die erwünschte Weise verarbeitet wird. Zumindest punktuell wird sich dann eine zweiseitige Kommunikation entwickeln. Zu vermeiden ist, dass die Partnerin bzw. der Partner mit einer Fülle von Informationen überschüttet wird. Deshalb ist es im Allgemeinen günstig, zu Beginn die Informationsbedürfnisse abzuklären, damit man sich anschließend auf die wesentlichen Informationen beschränken kann. Ein belehrender Ton muss unbedingt vermieden werden. Wichtiger ist es, in Erfahrung zu bringen, wie die Partnerin bzw. der Partner die Informationen bewertet und einordnet und welche Handlungskonsequenzen sie oder er daraus ableitet.

Falls das Informationsgespräch nicht auf Bitten der Partnerin bzw. des Partners geführt, sondern von der Lehrkraft initiiert wird, geht es in ein Überzeugungsgespräch über. In einem solchen sollte die Lehrkraft am Anfang zusammenfassend sagen, was sie mitteilen will. Keinesfalls darf sie versuchen, der Partnerin oder dem Partner etwas einzureden. Stattdessen sollte sie Alternativen aufzeigen und diskutieren. Vom Ablauf her können sich Informations- und Überzeugungsgespräche am oben beschriebenen Beratungsgespräch orientieren, wobei die Lehrkräfte möglicherweise eine aktivere oder auch instruktivere Rolle übernehmen werden. Wenn Eltern sich gewichtigen Argumenten einfach verschließen, ist es manchmal günstig, das Thema in einer größeren Gruppe zu diskutieren, in der sich auch Personen finden, die mit diesen Argumenten anders umgehen.

Verlauf eines Informations- und Überzeugungsgespräches

- Klärung des Informationsbedarfes,
- Geben der gewünschten Information,
- Sicherung des Verständnisses,
- Einordnung durch Gesprächspartner,
- Handlungskonsequenzen.

Kritik-, Beschwerde- und Konfliktgespräche[19]

Die in Kap. 3.3.3 genannten allgemeinen Regeln der Gesprächsführung gelten in erhöhtem Maße für das Kritik-, Beschwerde- und Konfliktgespräch. Da bei solchen Gesprächen eine gewisse Gefahr besteht, dass die Gesprächspartner ohne Verzug aufeinander losgehen, sei nachdrücklich angeraten, das Gegenüber unbedingt zum Sitzen zu bewegen und ihm evtl. ein Getränk anzubieten. Im Sitzen kann man schon rein körperlich weniger Aggression zum Ausdruck bringen als im Stehen, man kann z. B. längst nicht so gut schreien und brüllen. Ein Tisch zwischen den Sprechenden schafft zusätzliche Sicherheit (hier ist also von einer Anordnung der Positionen im 90-Grad-Winkel abzuweichen!).

Nach einer freundlichen Begrüßung kann die Lehrkraft ihr Bedauern ausdrücken, dass es zu dem strittigen Vorfall kam, und die Absicht bekunden, gemeinsam mit den Eltern einen Weg zu finden, Ähnliches künftig zu vermeiden. Dann sollten die Eltern erst einmal ausreichend Gelegenheit erhalten, sich ihre Sorgen und ihren Ärger von der Seele zu reden. Die Lehrkraft kann sich dabei Aufzeichnungen machen, sollte sich ansonsten aber auf aktives Zuhören beschränken und nicht zu früh mit Entgegnungen kommen, auch wenn sie Manches gleich richtigstellen und entkräften möchte. Oft ist die Partnerin bzw. der Partner noch viel zu erregt, um vernünftigen Argumenten zugänglich zu sein. Hilfreich ist oft

19 Auch hierzu sind viele Anregungen entnommen aus Weisbach, 2003.

auch eine positive Rückmeldung, dass die Eltern ihre Kritik offen ausdrücken und das Gespräch gesucht haben. Lediglich wenn beleidigende Äußerungen fallen, darf man unterbrechen und Grenzen aufzeigen, etwa mit der Formulierung: »So reden sie bitte nicht mit mir, sonst muss ich unser Gespräch beenden.«

Nach dieser Phase des »Dampf Ablassens« kann dazu übergegangen werden, sich der Realität zu stellen. Das wird kaum gelingen, wenn die Lehrkraft der Sichtweise der Eltern lediglich ihre eigene entgegensetzt. Stattdessen sollte sie Dokumente und Unterlagen bereithalten und konkrete Fakten und Beispiele anführen. Eine Auseinandersetzung darüber, ob jemand die Unwahrheit gesagt hat, sollte unbedingt vermieden werden. Entscheidend ist, dass durch Nachfragen (Wer? Was? Wann? Wo? Wie?) geklärt wird, was tatsächlich geschah und wie die Situation wirklich war. Auch pauschal erhobene Vorwürfe sollten nicht einfach bestritten, sondern auf diese Weise geklärt werden (Tingley, 2006, S. 29).

Wenn sich schließlich beide Partner über das eigentliche Problem im Klaren sind, kann zur Erarbeitung einer Lösung übergegangen werden. Dabei sollten zunächst die Erwartungen beider Seiten geklärt und verbalisiert werden. Hilfreich ist es meistens auch zu rekapitulieren, was beide Seiten bisher schon mit welchem Erfolg unternommen haben. Anschließend sollte man sich über Ziele verständigen und einen Plan erarbeiten, wie diese erreicht werden können. Dabei ist es wichtig, den Konfliktpartner einzubeziehen und mit ihm gemeinsam Maßnahmen zu entwickeln und zu beschließen. Vor der Verabschiedung kann die Lehrkraft dann evtl. noch mit aller gebotenen Vorsicht und in aller Bescheidenheit die eine oder andere Empfehlung geben.

Verlauf eines Kritik-, Beschwerde- und Konfliktgespräches

- Begrüßung,
- Dampf ablassen,

- Realität erfassen:
  - Fakten-Check,
  - Dokumente,
  - Beispiele,
- Problem erkennen,
- Lösung:
  - Erwartungen klären,
  - bisherige Maßnahmen,
  - Ziele vereinbaren,
  - gemeinsam Plan entwickeln,
  - ggf. Empfehlungen,
- Verabschiedung.

Möglichst früh im Gesprächsverlauf sollte man deutlich machen, dass man ebenso wie der Elternteil vor allem am Wohl des Kindes interessiert ist und die beste Lösung für dieses erreichen will.

Ob betroffene Schüler in das Gespräch einzubeziehen sind, muss von Fall zu Fall entschieden werden. Manchmal dient das der Versachlichung und der Entschärfung des Konfliktes. Aber es kann auch sein, dass Kinder und Jugendliche dadurch in die unangenehme Lage gebracht werden, Partei für ihre Lehrkraft oder einen Elternteil ergreifen zu müssen. Unbedingt zu vermeiden ist, dass Kinder miterleben, wie sich Erwachsene – in diesem Falle ihre Eltern oder Lehrkräfte – ungehörig benehmen (Jaksec III, 2005, S. 109).

Keinesfalls sollte man sich unter Zeitdruck setzen lassen. Wenn Einzelheiten nicht zu klären und spontane Entscheidungen zu schwierig sind, kann man sich Bedenkzeit ausbedingen, ggf. auch die Fortsetzung des Gesprächs vertagen. Manchmal ist gar nicht das konkrete Ergebnis des Gesprächs entscheidend, und Eltern sind schon dafür dankbar, dass sie einen Zuhörer gefunden haben, der sie ernst nimmt und versteht.

Es kommt auch immer wieder einmal vor, dass man auf zornige Eltern trifft, die sich nicht beruhigen und zu einem halbwegs sachlichen Gespräch bewegen lassen. Dann sollte man sie einfach anhören, mitschreiben, rückfragen, ob noch etwas hinzugefügt werden soll, die Beschwerdepunkte noch einmal vorlesen und ihnen zusichern, dass man darüber nachdenken und einen neuen Termin anbieten wird. Zwischenzeitlich kann man sich mit anderen Lehrkräften beraten und das neue Gespräch in hoffentlich ruhigerer Atmosphäre, vielleicht unter Hinzuziehung weiterer Personen führen (Olsen & Fuller, 2003, S. 129).

Schlichtungsgespräche[20]

Die Elternschaft einer Klasse oder einer ganzen Schule zu einer Solidargemeinschaft zu entwickeln, ist mühsam. Rückschläge sind dabei nahezu unvermeidlich. Nicht selten kommen Lehrkräfte in die Lage, in einem Schlichtungsgespräch zwischen Eltern vermitteln zu müssen, die gegensätzliche Interessen verfolgen oder wegen ihrer Kinder in Streit miteinander geraten sind.

Ein Schlichtungsgespräch ist nur sinnvoll, wenn beide Partner es wollen. Oft ist es ratsam, vorher mit jeder Partei ein Sondierungsgespräch zu führen, um genau dies abzuklären und sich bei dieser Gelegenheit auch über die Vorgeschichte des Konfliktes und den aktuellen Stand der Auseinandersetzung zu informieren.

So sehr das Herz der Lehrkraft auch für eine der beiden Konfliktparteien schlagen mag, als Schlichter hat sie strikte Neutralität zu wahren und sich auf die Moderation des Gesprächs zu beschränken.

Bewährt hat sich folgender Ablauf:

- In der *Eröffnungsphase* sollte zunächst eine angenehme Atmosphäre geschaffen und den Teilnehmern das Finden einer Lösung oder zumindest eines Kompromisses als das Ziel des Gespräches bewusst gemacht werden. Außerdem ist der Zeitrahmen festzulegen und es sind Kommunikationsregeln zu vereinbaren oder in Erinnerung zu bringen. Und nicht zuletzt muss die Lehrkraft den

20 Nach Boettcher & Mosing, 2006.

Konfliktparteien die Rolle verdeutlichen, die sie selbst im Gespräch einnehmen wird, um damit Erwartungen entgegenzuwirken, dass sie Partei ergreifen oder einen Schiedsspruch fällen wird.

- In der *Berichtsphase* schildert jede Seite ihre Sicht des Konfliktes. Dabei ist strenge Sachlichkeit zu wahren. Anschuldigungen und Unterbrechungen sind ebenso zu unterbinden wie ein übereiltes Vorschlagen von Lösungen. Es sollte geklärt werden, was der eigentliche Konfliktgegenstand ist, was Konfliktursachen und was lediglich Konfliktsymptome sind. Evtl. kann auch die Lehrkraft am Anfang den Fall vortragen, so wie er sich ihr aufgrund der Sondierungsgespräche darstellt, und beide Parteien um Korrekturen und Ergänzungen bitten.
  Im Kern geht es in dieser Phase darum, die unterschiedlichen Sichtweisen und Standpunkte der Konfliktpartner herauszuarbeiten, und es sollten beide Seiten dazu gebracht werden, Sichtweisen, Bedürfnisse und Motive der Gegenseite zu verstehen. Am Ende fasst die Schlichterin bzw. der Schlichter die Standpunkte und Erkenntnisse noch einmal zusammen.
- Wenn Klarheit hinsichtlich der Übereinstimmungen und Differenzen hergestellt ist, können *Lösungsmöglichkeiten* erarbeitet werden. Zunächst folgt das Herausarbeiten der Interessen, Bedürfnisse und Erwartungen der Konfliktparteien. Spricht eine der beiden Seiten Erwartungen hinsichtlich der Lösungsbeiträge des Gegenübers aus, sollte man darauf bestehen, dass sie auch Angebote macht, was sie selbst beizutragen bereit ist. Schließlich werden die Vorschläge gesammelt und diskutiert, und es wird gemeinsam eine Lösung ausgewählt.
- Am Ende trifft man Vereinbarungen und legt man fest, wie ihre Einhaltung überprüft werden soll.

Verlauf eines Schlichtungsgespräches

- Eröffnungsphase,
- Berichtsphase,

- Erarbeitung von Lösungsmöglichkeiten,
- Vereinbarungen.

Lösungsorientierte Gespräche[21]

In vielen Eltern-Lehrer-Gesprächen wird versucht, Ursachen für Schul- und Lernprobleme zu finden. Das ist mit einigen Risiken verbunden:

- Ursachen für soziale Probleme sind in aller Regel komplex. Häufig lassen sich eindeutige und alleinige Ursachen gar nicht ergründen.
- Wenn Ursachen benannt werden, ist damit meistens eine explizite oder unausgesprochene Schuldzuweisung verbunden. Häufig sind es Eltern, die sich dann schuldig fühlen und Abwehrreaktionen zeigen.

Günstiger ist es, eine lösungsorientierte Gesprächsführung zu versuchen: Statt Ursachen herauszufinden, versucht man dabei, die Gesprächspartnerin bzw. den Gesprächspartner zu stärken, zu ermutigen und anzuregen, nach Ressourcen bei sich und in der eigenen Familie zu suchen, damit sie bzw. er wieder Vertrauen in die eigene Fähigkeit fasst, Wesentliches zum Schulerfolg und zur Ausbildung ihrer bzw. seiner Kinder beitragen zu können und Kontakt- und Kooperationsangebote der Schule annimmt.

Nach einer Beschreibung des Problems durch die Gesprächspartnerin bzw. den Gesprächspartner lässt man zunächst eine möglichst konkrete Vision des gewünschten Zustandes entwickeln: »Wie wäre es, wenn alles gut wäre?« Dadurch, dass auf diese Weise der Blick von zurückliegenden Versäumnissen und aktuellen Problemen auf die Zukunft umgelenkt wird, soll die Eigenaktivität

21 Vgl. Ellinger, 2002; Zeyringer, 2010.

und die Vorstellungskraft angeregt und das Gespür für Lösungen aktiviert werden.

In der dritten Phase werden lösungsorientierte Wahrnehmungsveränderungen herbeigeführt: Meistens gab es schon in der Vergangenheit Zeiten und Situationen, die der Lösungsvision zumindest näher waren als die aktuelle Problemsituation. Mit Blick auf sie gilt es herauszufinden, welche Bedingungen diese Nähe zur Lösungsvision ermöglichten: »Was war damals anders, so dass der gewünschte Zustand gar nicht so weit weg war?« Dadurch wird der Blick auf die aktuelle Problemsituation positiv verändert, sie erscheint nicht mehr völlig aussichtslos: »Was damals möglich war, sollte unter ähnlichen Bedingungen doch auch künftig wieder und vielleicht sogar besser gelingen.«

Der Rückblick auf günstigere Situationen in der Vergangenheit legt die Spur zu Handlungen und Verhaltensweisen, die zu einer Annäherung an die Lösungsvision führen könnten. Ohnmachtsgefühle werden durch neues Selbstvertrauen und die Überzeugung von Selbstwirksamkeit abgelöst, und es können Interventionsmöglichkeiten entwickelt und erwogen werden.

Das Gespräch sollte mit der Planung von Evaluationsmöglichkeiten enden: »Woran kann ich erkennen, dass ich wirklich vorankomme und mein Problem kleiner wird?« In vielen Fällen wird man ein Folgegespräch vereinbaren, bei dem Fortschritte überprüft und ggf. weitere und andere Interventionen erwogen werden.

Verlauf eines lösungsorientierten Gespräches

- Problemanalyse,
- Lösungsvision,
- Beziehen auf Erfahrungen und Ressourcen der Vergangenheit,
- Planung der Interventionen,
- Lösungsevaluation.

3.4 Einbeziehung der Schülerinnen und Schüler

Ob es zu einer Partnerschaft zwischen Schule und Elternhaus kommt, hängt nicht zuletzt von den Schülerinnen und Schülern ab. Sie können die Beziehung sowohl verhindern als auch erleichtern:

- Die Kooperation zwischen ihren Eltern und Lehrkräften kann bedrohlich auf Kinder und Jugendliche wirken, wenn sie nicht einbezogen werden, und nicht selten entwickeln sie dann Verhaltensweisen, die viele Kooperationsbemühungen ins Leere laufen lassen.
- Häufig kann man Eltern, die keinen Kontakt zur Schule ihrer Kinder halten, über ihre Kinder für eine Zusammenarbeit gewinnen. Manche Eltern, die der Schule skeptisch bis misstrauisch gegenüberstehen, lassen sich einbinden, wenn ihre Kinder positive Einstellungen zur Schule und eine gute Beziehung zu ihren Lehrkräften haben, oder entwickeln zumindest ein besseres Verhältnis zur Schule und zu den Lehrkräften.

So oder so ist es geboten, die Schülerinnen und Schüler als dritte Gruppe an der Kooperation ihrer Eltern und Lehrkräfte zu beteiligen. Das kann auf unterschiedliche Art und Weise geschehen.

3.4.1 Thematisierung der Erziehungs- und Bildungspartnerschaft

Eine Möglichkeit besteht darin, die Kontakte und die Kommunikation zwischen Eltern und Lehrkräften zum Unterrichtsthema zu machen. Dadurch erhalten die Schülerinnen und Schüler Gelegenheit, ihre Gefühle auszudrücken, ihre Einstellungen, Erfahrungen und Meinungen zu äußern und sich mit Ansichten anderer auseinanderzusetzen. Oft führt das dazu, dass sie die Zusammenarbeit ihrer Lehrkräfte und ihrer Eltern besser akzeptieren. Möglich sind z. B. folgende inhaltliche Akzente und Diskussionsschwerpunkte (Sacher, 2009, S. 35ff):

- Schülerinnen und Schüler äußern sich dazu, wie sie Elternarbeit erleben:
  - Als Drohkulisse: Im engeren Kontakt ihrer Eltern und Lehrkräfte könnte eigenes Fehlverhalten bekannt werden.
  - Als Bevormundung: Die Erwachsenen handeln aus, was mit ihnen geschehen soll und was sie zu tun haben.
  - Als Unterstützung: Eltern und Lehrkräfte versuchen, ihnen zu optimalen Erfolgen zu verhelfen.
  - Als Teamwork: Eltern und Lehrkräfte sind bestrebt, mit ihnen gemeinsam herauszufinden, was man tun kann, damit es ihnen zuhause und in der Schule wirklich gut geht.
- Die Kinder und Jugendlichen diskutieren mögliche Schülereinstellungen zur Elternarbeit – Unterstützung, Gleichgültigkeit, Sabotage – und erörtern, wie sie gestaltet werden kann und soll.
- Sie äußern sich dazu, was sie davon halten, bei Gesprächen ihrer Eltern mit ihren Lehrkräften dabei zu sein oder an Elternabenden teilzunehmen.
- Sie sagen, wie sie es finden, wenn ihre Eltern im Unterricht hospitieren.
- Sie tauschen Meinungen darüber aus, ob, wann und wie die Eltern ihnen bei den Hausaufgaben und beim Lernen helfen sollen.
- Sie diskutieren darüber,
  - wie umfassend ihre Eltern darüber informiert werden sollen, wie sich ihr Kind in der Schule benimmt und wie es ihm in der Schule geht,
  - was ihre Eltern den Lehrkräften über ihr Verhalten zu Hause erzählen dürfen und
  - was beide nicht ausplaudern sollten.

Lehrkräfte tun in solchen Unterrichtsgesprächen gut daran, Belehrungen zu unterlassen und sich stattdessen möglichst auf die Moderation zu beschränken. Situationen, in denen die Schülerinnen und Schüler unter Druck geraten, ihre eigenen Erfahrungen und Einstellungen und vielleicht auch noch ihre Privatsphäre in der Familie Preis zu geben, sind zu vermeiden. Stattdessen sollte man besser auf Fallbeispiele zurückgreifen.

3.4.2 Schülerinnen und Schüler als Informanten

Kinder und Jugendliche nehmen meistens ohnehin die Rolle von Informanten zwischen Schule und Elternhaus ein. 84 % der Schülerinnen und Schüler auf der Sekundarstufe und 70 % in der Grundschule gaben in der Begleituntersuchung zum bayerischen Modellprojekt 2006/2007 an, dass ihre Eltern von ihnen sowieso alles erfahren, was sie über die Schule wissen müssen. Die Eltern sind sich dessen nicht ganz so sicher. Aber immerhin 39 % der Sekundarschuleltern und 26 % der Grundschuleltern sind der Meinung, auf Informationen der Lehrkräfte verzichten zu können, weil ihnen ihr Kind ohnehin genug über die Schule erzählt. Unstrittig ist jedenfalls, dass ein erheblicher Teil dessen, was Eltern über die Schule, die Lehrkräfte ihrer Kinder und deren Ergehen und Entwicklung in der Schule wissen bzw. zu wissen glauben, auf Berichten und Erzählungen der Kinder beruht.

Es liegt nahe, die von den Schülerinnen und Schülern ausgeübte Rolle des Informanten und Botschafters zwischen Schule und Elternhaus zu entwickeln und zu kultivieren und ihr einen offiziellen Status zu geben: Man kann z. B. mit den Schülerinnen und Schülern gemeinsam einen Leitfaden für Gespräche entwickeln, die sie mit ihren Eltern über die Schule führen. Das Hausaufgabenheft kann zu einem Kommunikationsbuch ausgestaltet werden, in welches Lehrkräfte und Eltern wichtige Mitteilungen eintragen, die auch von den Kindern und Jugendlichen ergänzt und kommentiert werden können. Ein Familienportfolio, das die Schülerinnen und Schüler gemeinsam mit ihren Eltern anlegen, gibt den Lehrkräften wichtige Informationen über die häusliche Umgebung der Kinder. Als Gegenstück kann ein Klassen- oder Schulportfolio erstellt werden, das den Eltern genaueren Einblick in den Schulalltag ihrer Kinder vermittelt.

3.4.3 Gemeinsame Veranstaltungen und Aktivitäten mit Eltern

Weitere Möglichkeiten, Schülerinnen und Schüler einzubeziehen, sind gemeinsame Veranstaltungen mit Lehrkräften, Eltern und Schüler/innen (z. B. Teilnahme von Schüler/innen an Elternabenden), die Zusammenarbeit von Lehrkräften, Eltern und Schüler/innen in Projekten und Arbeitsgemeinschaften, Schulvereinbarungen und Erziehungs- und Lernverträge, die gemeinsam mit den Schülerinnen und Schülern entwickelt werden, und Kontakte zwischen Eltern- und Schülervertreter/innen.[22]

3.4.4 Eltern-Lehrer-Schüler-Gespräche

Besonders bewährt hat es sich, häufiger anstelle traditioneller Eltern-Lehrer-Gespräche Eltern-Lehrer-Schüler-Gespräche zu führen. Mit der bloßen physischen Präsenz der Kinder und Jugendlichen bei Gesprächen ist es allerdings nicht getan. Damit sie wirklich gewinnberingend sind, müssen einige Voraussetzungen gegeben sein oder geschaffen werden:

- Eltern und Lehrkräfte müssen bestrebt sein, vor allem mit den Schülerinnen und Schülern zu reden und nicht nur über sie. Das setzt bei den erwachsenen Gesprächsteilnehmern eine Grundhaltung und eine Gesprächsführung voraus, die evtl. ei-

22 Vgl. Sacher, 2009; Sacher, 2014a, S. 173–198.

gens vorher bei Elternabenden und schulinternen Fortbildungsveranstaltungen vermittelt werden muss.

- Das Gespräch muss so strukturiert werden, dass die Kinder und Jugendlichen ausreichend zu Wort kommen. Günstig ist z. B. der unten dargestellte Ablauf.
- Im Gespräch sollte die sogenannte »1 zu 4 Regel« beherzigt werden, nach welcher nur in 20 % der Zeit über Probleme und Schwierigkeiten, aber in 80 % über Lösungen gesprochen wird.
- Die Überforderung der Kinder durch die Doppelrolle, sowohl Gesprächspartner als auch Gesprächsgegenstand zu sein, kann vermieden werden, wenn dem Gespräch zumindest über weite Strecken Portfolios oder andere Dokumente und Materialien zugrunde gelegt werden, auf die sich das Gespräch beziehen kann.
- Die Schülerinnen und Schüler sollten möglichst schon elementare Gesprächstechniken beherrschen. Darüber hinaus müssen sie, um sich in einem Gespräch mit zwei bis drei erwachsenen Partnern angemessen einbringen zu können, noch über weitere Techniken verfügen, u. a. (vgl. Sacher, 2009, S. 57 f.):
  - um das Wort bitten,
  - sich Gehör verschaffen, wenn einen die Erwachsenen nicht zu Wort kommen lassen,
  - sich gegen Unterbrechungen zur Wehr setzen,
  - Ergänzungen machen,
  - Korrekturen anbringen, Fehlinterpretationen eigener Äußerungen durch andere richtigstellen,
  - höflichen Widerspruch anmelden,
  - Klagen und Beschwerden vorbringen, ohne Beschuldigungen damit zu verbinden,
  - eigene Gesprächsbeiträge überlegt gestalten,
  - sich auf die Gesprächspartner einstellen und ihre Reaktionen vorwegnehmen.

Verlauf eines Eltern-Lehrer-Schüler-Gespräches

- Kurze Begrüßung, Vorinformation über den Ablauf,
- Bericht der Schülerin/des Schülers,
- Beobachtungen und Sichtweisen der Eltern,
- Beobachtungen und Sichtweisen der Lehrkraft,
- Austausch der drei Parteien,
- Formulierung einer Vereinbarung,
- Zusammenfassung und Verabschiedung.

Dreier- und Vierergespräche zwischen Eltern, Lehrkräften und Schülerinnen und Schülern sollten nicht nur bei Problemen, sondern auch ohne besonderen Anlass mit einer gewissen Regelmäßigkeit (vielleicht zwei- bis dreimal im Jahr) als Arbeitsbesprechungen (den Meetings in der Arbeitswelt vergleichbare »Entwicklungsgespräche«) durchgeführt werden. Man klärt gemeinsam, wo die Kinder und Jugendlichen in ihrem Lernen und in ihrer Entwicklung stehen, wo es planmäßig und erfreulich läuft, wo nachjustiert werden muss, wie das geschehen soll und wie man sich vergewissern will, dass solche Nachjustierung auch gelingt. Auf diese Weise können sie viel zur Früherkennung von Schwierigkeiten und zur Entspannung des Verhältnisses zwischen Schule und Elternhaus beitragen. Allerdings ist nicht anzustreben, alle Eltern-Lehrer-Gespräche durch Entwicklungsgespräche mit den Schülerinnen und Schülern zu ersetzen. Es gibt eine ganze Reihe guter Gründe dafür, dass die Erwachsenen auch einmal unter sich bleiben und Klartext reden müssen, der nicht für die Ohren der Kinder und Jugendlichen bestimmt ist.

Es ist auch nicht zu empfehlen, Eltern-Lehrer-Schüler-Gespräche zu führen, um Konflikte zu lösen. Die in solchen Gesprächen ohnehin immer bestehende Gefahr, dass sich zwei Parteien gegen die dritte verbünden, ist dann nämlich besonders groß. D.h. es kann leicht dazu kommen, dass Eltern und Schülerinnen und Schüler gemeinsam die Lehrkraft attackieren oder auch die Erwachsenen sich gegen die Kinder und Jugendlichen verbünden oder – seltener – die Lehrkraft zusammen mit dem Kind den Eltern entgegentritt. Insbesondere für die Schülerinnen und Schüler ist es unangenehm, wenn sie genötigt sind, für die Eltern oder die Lehrkraft Partei ergreifen zu müssen. Um solche Dynamiken möglichst zu vermeiden, sollten Eltern-Lehrer-Schüler-Gespräche vor allem förderorientiert geführt werden. D. h. ihre Zielsetzung sollte hauptsächlich sein, gemeinsam Wege zu finden, das Lernen und die Entwicklung der Kinder und Jugendlichen optimal voranzubringen und zu unterstützen.

3.5 Allen Kindern Betreuer/innen zur Seite stellen

Auch wenn es genuiner Auftrag der Schule ist, allen Schülerinnen und Schülern ein optimales Bildungsangebot zu machen und für eine ihren Fähigkeiten entsprechende individuelle Förderung zu sorgen, und obwohl Elternvertretungen darüber zu wachen haben, dass die Schule diesen Auftrag wirklich erfüllt: Nur wenn auch hinter jedem einzelnen Kind und hinter jedem einzelnen Jugendlichen ein Erwachsener steht, der darauf achtet, dass ihm eine gerechte und pädagogisch angemessene Behandlung zuteil wird und dass man ihm alle Chancen und Möglichkeiten eröffnet, die ihm zustehen, kann man wirklich sicher sein, dass keine Schülerin und kein Schüler zurückgelassen wird. Dies hat die amerikanische Parent-Teacher-Association bewogen, die Qualität der Erziehungs- und Bildungspartnerschaft zwischen Schule und Elternhaus auch daran zu messen, ob es für alle Schülerinnen und Schüler erwachsene »advocates« gibt (National Parent Teacher-Association, 2008; National Parent Teacher-Association, 2009). Es wäre ein Missverständnis, darin professionelle Advokaten bzw. Rechtsanwälte zu sehen. Vielmehr sind Betreuer und Entwicklungsbegleiter gemeint, die aufmerksam die schulische Entwicklung und Förderung der jungen Menschen verfolgen.

Diese Rolle fällt zunächst einmal den Eltern zu. Manche Schülerinnen und Schüler können jedoch keine solche Betreuung durch ihre Eltern erhalten, weil diese dazu nicht bereit oder auch (noch) nicht in der Lage sind. Längerfristig kann hier Elternbildung (▶ Kap. 3.2.2) Abhilfe schaffen. Zumindest vorübergehend aber müssen dann andere Erwachsene einspringen und die Betreuerrolle übernehmen – z. B. Eltern von Mitschülerinnen und Mitschülern, Beratungs- und Vertrauenslehrkräfte, Sozialarbeiterinnen, Elternvertreterinnen, Verwandte und Freunde usw. Solche Betreuerinnen und Betreuer sorgen dafür, dass die Kommunikation zwischen Schule und Elternhaus nicht abreißt und Missverständnisse und Probleme gar nicht erst entstehen oder jedenfalls rechtzeitig bearbeitet werden.

3.6 Unterstützung für Elternvertreterinnen und -vertreter organisieren

Dass sich die Arbeit von Elternvertreterinnen und -vertretern nur dann in der Entwicklung und Bildung der Kinder und Jugendlichen auszahlt, wenn sie sich nicht darauf beschränken, die Schule zu unterstützen, sondern ebenso auch für ihre Klientel – die Schulelternschaft – tätig werden, wurde oben schon ausgeführt. Elternvertreterinnen und -vertreter sind mit ihrer Arbeit für die Elternschaft der Schule aber rasch überfordert, wenn nicht weitere Eltern zur Unterstützung, z. B. in Form von Aktiveltern, Elternmentorinnen und -mentoren, Bildungspatinnen und -paten etc. gewonnen werden. Auch unter den Eltern, welche nicht in einem Elterngremium mitwirken möchten, sind manche bereit, begrenzte Aufgaben zu übernehmen und ihre Zeit und Kompetenzen zum

Wohle der Schule, zum Wohle anderer Eltern oder zum Wohle der Mitschülerinnen und Mitschüler ihrer Kinder einzubringen. Wenn man auf diese Weise zusätzliche Unterstützer für die Elternvertreterinnen und -vertreter gewinnen kann, werden nicht nur Belastungen auf mehr Schultern verteilt und mehr Aktivitäten und Initiativen entwickelt. Unterstützer aus der Elternschaft haben häufig auch einen besonders niederschwelligen Zugang zu anderen Eltern und zu Schülern.

3.7 Mit Partnern in der Gemeinde vernetzen

Die Zusammenarbeit mit Eltern ist oft von belastenden Lebenslagen der Familien und von schwierigen Situationen überschattet, die nicht von der Schule verursacht sind, deren Bildungsarbeit aber erschweren. Nicht selten sind Familien mit kumulierten Problemlagen konfrontiert – etwa mit ökonomischer Not, sozialer Marginalisierung, Diskriminierungserfahrungen, erhöhter Sorgeverpflichtung für Angehörige, erschwertem Zugang zum Arbeitsmarkt, scheiternden Paarbeziehungen, psychischen Erkrankungen, Suchterkrankungen oder Gewalt in der Partnerschaft und Familie u. v. a. m. Schulische Probleme der Kinder hängen oft mit solchen Problemlagen zusammen und können nicht unabhängig davon gelöst werden. Es genügt aber häufig nicht, nur Verständnis für die Situation der Kinder zu entwickeln, oft müssen auch die drängenden und komplexen Problemlagen der Familie angegangen werden. Die Schule wäre allerdings damit überfordert: Lehrkräfte verfügen weder über die dafür benötigte Zeit noch über die erforderlichen Mittel und in vielen Fällen auch nicht über die entsprechenden Spezialkompetenzen. Aber es ist den Schulen zuzumuten, mit geeigneten Partnern zu kooperieren und sich zu vernetzen, welche Unterstützung leisten können – mit psychologischen, medizinischen und psychiatrischen Fachkräften, mit

Erziehungsberatungsstellen, Stadtteilmüttern, Jugend- und Sozialämtern, Wohlfahrtsverbänden, Arbeitsagenturen, Betrieben, Wirtschaftsverbänden, kirchlichen Gemeinschaften, Kulturvereinen, Justiz- und Polizeidienststellen, Vereinen, Jugendgruppen usw.

Ein Nebeneffekt solcher Kooperationen, der aber durchaus willkommen ist, besteht darin, dass über sie auch Eltern, zu denen die Schule keine partnerschaftliche Beziehung aufzubauen vermochte, motiviert werden können, sich für die Bildung ihrer Kinder zu engagieren. Wo Lehrkräfte keinen Zugang und kein Gehör finden, sind es vielleicht andere Kooperationspartner, denen Eltern Vertrauen entgegenbringen und für deren günstigen Einfluss sie zugänglich sind.

Insbesondere für Halbtagesschulen ist Netzwerkarbeit allerdings eine große Herausforderung. Ein Anfang in dieser Richtung wäre aber z. B. schon die wenig aufwändige Maßnahme, eine Liste mit Kontaktdaten verschiedener Einrichtungen, Experten und Unterstützungsangebote zu erstellen, an die man Kinder, Jugendliche und ihre Eltern guten Gewissens weitervermitteln kann. Eine solche Dokumentation von erprobten und bewährten Kontakten käme vor allem Kolleginnen und Kollegen zugute, die neu in der Region sind und die sich hier erst orientieren müssen.

4

Zeiten und Situationen potentiell schwieriger Zusammenarbeit

Die Zusammenarbeit mit Eltern verläuft nicht immer harmonisch. Treten Probleme auf, ist es oft hilfreich, wenn Lehrkräfte und Schulleitungen sich von der Fixierung auf das unangemessene Verhalten mancher Eltern lösen und einen Perspektivwechsel vollziehen, indem sie ihren Blick auf die Zeiten und Situationen richten, welche solches Verhalten bedingen. Dies sind z. B.[23]

23 Vgl. Whitaker & Fiore, 2001, S. 107ff.; Zehnter, 2015, S. 79f.

- Veränderungen in der Schul- und Unterrichtsorganisation:
  - Zeiten in der Nähe des Schuleintritts und des Übertritts in andere Schulen, Schularten und Schulstufen: Eltern fürchten teilweise, ihr Kind könne nicht mithalten und es nicht schaffen (Sacher, 2005, S. 85ff.).
  - Zeiten, zu denen die Berufs- und Studienorientierung der Schülerinnen und Schüler erfolgt. Auch dies sind Zeiten des Übergangs. Die Jugendlichen haben Entscheidungen zu fällen, deren Folgen sie evtl. lebenslang tragen müssen. Ihre Eltern machen sich Sorgen, ob sie auch die richtige Wahl treffen, und fühlen sich oft zugleich überfordert, sie angemessen zu unterstützen. (vgl. Abschnitt 4.2)
  - Einführung neuer Unterrichtsmethoden und Unterrichtsmedien: Oft fürchten dann Eltern, Freiarbeit, Wochenplanarbeit, Projektarbeit, Portfolioarbeit, Notebookklassen, Whiteboards oder welche Innovationen auch immer, könnten den Lernerfolg ihres Kindes beeinträchtigen.
  - Neue Fächer im Stunden- und Lehrplan: Eltern können teilweise nicht abschätzen, was auf ihr Kind zukommt, ob es vielleicht überfordert sein wird oder ob z. B. durch Ethikunterricht seine moralische Entwicklung nicht angemessen gefördert oder durch Sexualkunde sogar gestört wird.
  - Kinder mit besonderem Förderbedarf in der Klasse: Häufig sehen Eltern der übrigen Kinder deren Leistungsentwicklung gefährdet, weil die Lehrkraft angeblich den besonders förderbedürftigen Kindern zu viel Aufmerksamkeit widmen muss.
  - Flüchtlingskinder oder Kinder mit Migrationshintergrund an der Schule und in der Klasse (▶ Kap. 4.7): Herkunftsdeutsche Eltern fürchten dann oft, ihre Kinder könnten vernachlässigt werden, weil die Lehrkraft sich zu viel mit den Kindern der Zugewanderten beschäftigen muss, und die Eltern aus anderen Herkunftskulturen haben Sorgen, ihre Kinder könnten abgehängt werden, weil die Lehrkräfte nicht auf ihren Förderbedarf eingehen.

- Situationen von Meinungsverschiedenheiten zwischen Eltern und Lehrkräften:
  Ursächlich dafür sind u. a. häufig
  - schlechte Nachrichten, zumal wenn sie nicht persönlich, sondern schriftlich oder fernmündlich übermittelt wurden,
  - Leistungsprobleme und Verhaltensschwierigkeiten der Kinder,
  - Unzufriedenheit der Eltern mit Leistungsbeurteilungen und Zeugnissen,
  - Unzufriedenheit mit Hausaufgaben,
  - Unzufriedenheit mit Strafen, welche über das Kind verhängt wurden.
- Kommunikationssituationen, die für Eltern unangenehm sind:
  Z. B. Situationen, in denen
  - sie vor einem Publikum agieren müssen (z. B. beim Elternabend, Austragen von Differenzen in der Öffentlichkeit),
  - Situationen, in denen sie nicht ausreden können oder nicht zu Wort kommen,
  - Situationen, in denen sie sich minderwertig vorkommen,
  - Situationen, in denen sie offen oder verdeckt Schuldzuweisungen erhalten,
  - Situationen, in denen sie (vielleicht sogar öffentlichen!) Gesichtsverlust befürchten müssen,
  - Situationen, in denen sie nur gewinnen oder verlieren können.

In Bezug auf alle drei genannten Bereiche können von Seiten der Schule Maßnahmen zur Vermeidung oder Milderung potentiell schwieriger Zusammenarbeit ergriffen werden:

- Veränderungen in der Schul- und Unterrichtsorganisation sind zwar unvermeidlich. Aber sie können vorbereitet und so gründlich von Information begleitet werden, dass sie weniger Ängste und Sorgen auslösen.
- Meinungsverschiedenheiten führen in vielen Fällen erst einmal zu Konfliktgesprächen. Aber ob Eltern in deren Verlauf ent-

täuscht oder wütend werden oder sich beruhigen, hängt auch von der Gesprächsführung der Lehrkraft ab (▶ Kap. 3.3).

- Unangenehme Kommunikationssituationen können durch geschickte Moderation und Gesprächsführung verträglicher gestaltet werden. Lehrkräfte mit etwas Einfühlungsvermögen und kommunikativer Kompetenz sorgen dafür, dass solche Situationen möglichst erst gar nicht entstehen, z. B.:
  - Man muss nicht auf einem ausdrücklichen Geständnis bestehen, jemand habe die Unwahrheit gesagt oder sei einer Lüge aufgesessen. Es genügt, wenn der wahre Sachverhalt festgestellt wird.
  - Probleme einzelner Schülerinnen und Schüler müssen und sollten keinesfalls bei einem Elternabend im Beisein von anderen besprochen werden, sondern in Einzelgesprächen.
  - Es gibt andere Möglichkeiten für Eltern, ihre Meinung zu äußern, als die Wortmeldung vor dem Plenum: Gruppendiskussionen, Murmelgruppen, Kärtchenabfragen, Anfertigen von Postern usw.

Entscheidend ist, dass Lehrkräfte die Perspektive der Eltern einnehmen und sich vergegenwärtigen, wie alle diese und andere Situationen im ungünstigsten Falle auf Eltern wirken können.

Im Folgenden werden einige Zeiten und Situationen genauer beschrieben, in denen die Zusammenarbeit zwischen Schule und Elternhaus sich schwierig gestalten kann, und Möglichkeiten aufgezeigt, wie negative Wirkungen vermieden werden können.

4.1 Zusammenarbeit mit Eltern in der Zeit der Sekundarschule

Zahlreiche internationale Studien zeigen, dass mit zunehmendem Alter der Kinder das Engagement der Eltern für schulische Belange abnimmt (vgl. Sacher, 2008a; Sacher, 2012a). Nach dem Übertritt der Kinder in die Sekundarschule ziehen sich viele Eltern sukzessive aus der Elternarbeit zurück und suchen seltener als in der Grundschule den Austausch mit Lehrkräften. Auch die schulische Seite bemüht sich nicht mehr so intensiv um Kooperation und Informationsaustausch mit dem Elternhaus.

Zum Teil ist das sicherlich auf die ungünstigeren organisatorischen Bedingungen für die Kooperation zwischen Schule und Elternhaus in der Sekundarschule zurückzuführen: Infolge des dort praktizierten Fachlehrersystems haben sowohl Eltern als auch Lehrkräfte eine Vielzahl potenzieller Ansprechpartner: Eltern haben es nicht mehr nur mit Klassenlehrkräften, sondern auch mit einer ganzen Reihe von Fachlehrkräften und mit Fachleitern und Stufenleitern, evtl. auch mit Sozialpädagogen zu tun. Lehrkräfte, die in mehreren Klassen unterrichten, sehen sich Hunderten von Eltern gegenüber. Es liegt auf der Hand, dass unter solchen Bedingungen ein regelmäßiger Informationsaustausch ungleich schwieriger zu organisieren ist, von einer Kooperation ganz zu schweigen, als in der Grundschule. Dazu kommt die Größe vieler Sekundarschulen, eine oft schwer überschaubare Verflechtung von Zuständigkeiten, die meist größere Entfernung der Schulen vom Wohnort der Eltern und der Umstand, dass viele Eltern nach der Grundschulzeit ihrer Kinder vermehrt wieder einer teil- oder vollzeitlichen beruflichen Tätigkeit nachgehen und damit weniger Zeit für den Austausch mit der Schule ihrer Kinder haben (Sacher, 2012a). Eine Rolle mag auch spielen, dass Eltern den Unterrichtsstoff nun zunehmend weniger verstehen.

Außerdem nimmt die Kooperation zwischen Schule und Elternhaus auf der Sekundarstufe auch deshalb ab, weil sowohl Eltern als auch Lehrkräfte glauben, ältere Schülerinnen und Schüler seien weniger darauf angewiesen, dass Eltern ihre Interessen wahrnehmen, oder würden dies häufig in ihrem erstarkenden Autonomiestreben sogar ablehnen. Dieser Glaube beruht allerdings mindestens teilweise auf Fehleinschätzungen und Missverständnissen[24]:

Unbestritten ist zwar, dass die meisten Schülerinnen und Schüler auf der Sekundarstufe einer engen Kooperation ihrer Eltern und Lehrkräfte kritisch bis ablehnend gegenüberstehen, den Informationsaustausch zwischen Schule und Elternhaus mit wachsendem Misstrauen verfolgen und insbesondere die Weitergabe von Informationen über ihr Leben außerhalb der Schule und in der Familie entschieden ablehnen sowie eine regelmäßige Präsenz ihrer Eltern in der Schule – etwa im Zusammenhang mit bestimmten Hilfeleistungen – immer weniger wünschen. Auch Befürchtungen der Jugendlichen, infolge von Eltern-Lehrer-Gesprächen unter Druck gesetzt zu werden, sind stark ausgeprägt. Selbst Mädchen, die in der Grundschule der Elternarbeit mehrheitlich positiv gegenüberstehen, sind auf der Sekundarstufe weniger aufgeschlossen. Diese Einstellungen der Schülerinnen und Schüler beruhen zum Teil auf der Erfahrung, dass Eltern und Lehrkräfte hauptsächlich dann miteinander Kontakt aufnehmen und kooperieren, wenn die Jugendlichen Probleme in der Schule haben. Manchmal sind ihre Einstellungen auch die Reaktion darauf, dass sie sich bei der Elternarbeit von den Erwachsenen übergangen fühlen. Trotz alledem kann keine Rede davon sein, dass Sekundarschülerinnen und -schüler Elternarbeit gänzlich ablehnen: 70 % von ihnen wünschen laut einer Studie in Bayern nicht, dass sich ihre Eltern aus der Schule ganz heraushalten, 66 % sind froh, wenn ihre Eltern zu den Lehrkräften gehen, wenn sie Probleme in der Schule haben, und 83 % wünschen, dass ihre Eltern und Lehrkräfte ihnen gemeinsam helfen, gute Leistungen zu erbringen.

Auch die Überzeugung vieler Lehrkräfte, Eltern von Sekundarschülerinnen und Sekundarschülern seien weniger am Ergehen und an der Entwicklung ihrer Kinder in der Schule interessiert, ist nicht ganz zutreffend, sondern beruht mindestens teilweise auf einem Fehlschluss: Richtig ist, dass viele Eltern weniger Kontakt zur

24 Sacher, 2008b, und gesonderte Auswertung der Begleituntersuchung des Projektes »Vertrauen in Partnerschaft II« für diese Publikation.

Schule ihrer Kinder halten und sich weniger für Belange der Schule einsetzen. Übersehen wird aber oft, dass viele Eltern auch bei rückläufigem schulbasierten Engagement in ihrem heimbasierten Engagement für die Bildung ihrer jugendlichen Kinder keineswegs nachlassen und zu Hause günstige Lernbedingungen und Unterstützungsmöglichkeiten für ihrer Kinder zu schaffen versuchen (Sacher 2012a). Deshalb ist auch der Einfluss der Eltern auf den Schulerfolg ihrer Kinder auf der Sekundarstufe keineswegs geringer als in der Grundschule, nach einigen Studien sogar noch stärker (Jeynes, 2011, S. 114f.).

Elternarbeit auf der Sekundarstufe ist folglich keineswegs überflüssig und bedeutungslos. Das muss sowohl Eltern als auch Lehrkräften erst einmal kommuniziert werden. Andernfalls kommt es leicht zu folgenschweren Missverständnissen und Enttäuschungen:

- Lehrkräfte, welche die Kooperation zwischen Schule und Elternhaus weiterhin für nötig halten, glauben, Eltern, die sich aus der schulbasierten Kooperation zurückziehen, seien überhaupt nicht mehr an der Bildung ihrer Kinder interessiert.
- Eltern, die weiterhin kooperieren möchten, fühlen sich aus der Gestaltung der Schulbildung ihrer Kinder ausgeschlossen, wenn Lehrkräfte die Zusammenarbeit reduzieren oder einstellen.

Elternarbeit auf der Sekundarstufe muss aber offensichtlich anders gestaltet werden und sich auf andere Schwerpunkte konzentrieren als in der Grundschule. Wird das nicht berücksichtigt, kann es ebenfalls zu Schwierigkeiten kommen:

- Wenn Eltern und Lehrkräfte ihre Kooperation auf der Sekundarstufe fortsetzen, können die auf ihre Autonomie bedachten jugendlichen Schülerinnen und Schüler das als Kontrolle und Bevormundung empfinden und folglich sabotieren – es sei denn, man bezieht sie nun ausdrücklich ein.
- Die Kooperation kann für Eltern und Lehrkräfte gleichermaßen unbefriedigend werden, wenn sie im guten Glauben und mit

bester Absicht einfach weiter so kooperieren, wie sie es in der Grundschule taten.

Um solchen Missverständnissen und Enttäuschungen zu begegnen, sollte sich die Kooperation mit Eltern von Sekundarschülerinnen und -schülern an folgenden Schwerpunkten orientieren:

Beteiligung der Schülerinnen und Schüler

Entscheidend für eine erfolgreiche Kooperation mit Eltern von Sekundarschülerinnen und -schülern ist, dass auch die Jugendlichen angemessen einbezogen werden und dass man ihrem Selbstvertretungsanspruch zunehmend Rechnung trägt. Damit sollte eigentlich schon in der Grundschule begonnen werden. Auf der Sekundarstufe ist es nun aber ein absolutes Muss, die Jugendlichen zu beteiligen – und zwar zunehmend als gleichberechtigte Partner. (Dazu wurde Wesentliches schon in ▶ Kap. 3.4 ausgeführt.)

Klassenlehrkräfte als Mediatoren

Wie Klassenlehrkräfte ihre Rolle gestalten, trägt wesentlich zu einer erfolgreichen Partnerschaft mit Eltern von Sekundarschülerinnen und -schülern bei. Nur wenn sie sich als primäre Ansprechpartner für die Eltern ihrer jugendlichen Schülerinnen und Schüler verstehen, kann die Erziehungs- und Bildungspartnerschaft gelingen. Als solche müssen sie in der Lage sein, einen Überblick über den aktuellen Stand der Entwicklung und die Lernfortschritte der Schülerinnen und Schüler in allen Fächern zu geben, bei Bedarf Kontakte zu Fachlehrkräften herzustellen und zu moderieren und auch diese über die schulische und häusliche Gesamtsituation der Jugendlichen zu informieren. Das setzt allerdings voraus, dass die Klassenlehrkräfte von den Eltern und Fachkolleginnen und -kollegen regelmäßig mit Informationen über die häusliche Situation und die schulische Entwicklung der Jugendlichen versorgt werden (Sacher, 2012a).

Unterstützung eines altersgerechten heimbasierten Engagements der Eltern

Mehr noch als in der Grundschule sollte in der Sekundarschule das Hauptgewicht der Elternarbeit auf der zusammen mit außerschulischen Partnern geleisteten Unterstützung des heimbasierten Engagements der Eltern liegen (Sacher, 2014, S. 135; vgl. ▶ Kap. 2.4.3):

- Dafür spricht die Bedeutung der häuslichen Unterstützung der Jugendlichen für ihren Schulerfolg, welche den Fördereffekt des Engagements ihrer Eltern in der Schule weit übertrifft.
- Auch unter Bedingungen des Fachlehrersystems und bei Berufstätigkeit beider Eltern ist eine angemessene häusliche Unterstützung durchaus möglich. Es braucht dazu ja keine regelmäßigen Kontakte mit Lehrkräften und auch keine häufige Präsenz von Eltern in der Schule.
- Nicht zuletzt verträgt sich diese Art der Unterstützung auch mit dem Autonomiestreben der Jugendlichen.

Eltern von Sekundarschülerinnen und -schülern sollten auch darin bestärkt und unterstützt werden, ihren Töchtern und Söhnen im familiären Kontext Arbeitstugenden bzw. »Softskills« wie Leistungsbereitschaft, Selbstständigkeit, Sozialkompetenz, Verantwortungsbewusstsein und Zuverlässigkeit zu vermitteln.

Manche Eltern von Sekundarschülerinnen und -schülern muss man erst davon überzeugen, dass Jugendliche einer direkten Beeinflussung nur noch eingeschränkt zugänglich sind und dass sie besser beraten sind, indirekte Wege zu suchen, indem sie Denkanstöße geben, Verhaltensmodelle vorleben, Fallbeispiele diskutieren und mit den Jugendlichen im Gespräch bleiben – auch über Erwartungen, die sie an sich und an das Leben haben.

Mehr noch als in früheren Jahren ist bei Sekundarschülerinnen und Sekundarschülern ein autoritativ-partizipativer Erziehungsstil angemessen, der ein hohes Maß an Wärme und Einfühlungsvermögen und Unterstützung von Selbstständigkeit mit dem Bestehen auf diszipliniertem Verhalten verbindet, das sich an gemeinsam vereinbarten Regeln orientiert (▶ Kap. 4.10). Viele Schwierigkeiten, die Eltern und Lehrkräfte auf der Sekundarstufe miteinander haben, resultieren letztlich daraus, dass Eltern die Mitte zwischen grenzenlosem Gewährenlassen und völligem Rückzug aus der Erziehung einerseits und Überbehütung, Bevormundung und autoritärem Dirigismus andererseits nicht finden. Entsprechende Beratung und Unterstützung durch die Schule kann hier viele schwierige Situationen entschärfen.

4.2 Zusammenarbeit in der Zeit der Berufs- und Studienorientierung

Die Berufs- und Studienorientierung der Schülerinnen und Schüler auf der Sekundarstufe stellt eine Aufgabe dar, bei welcher der Zusammenarbeit zwischen Schule und Elternhaus eine besondere Bedeutung zukommt (Sacher, 2012a; Sacher, 2014a, S. 140–146). Aufgabe der Schule ist es, die Eltern in ihrer wichtigen Unterstützerrolle für ihre Kinder zu stärken. Eine ganze Reihe von Untersuchungen[25] zeigte nämlich, dass die Eltern und nicht etwa die Peers den größten Einfluss auf die Berufswahl der Jugendlichen und auf ihre Entscheidung für eine Ausbildung oder ein Studienfach haben. Die Peers liegen klar hinter den Eltern. Sie werden gefolgt von Lehrkräften und Berufsberaterinnen und -beratern an dritter und vierter Stelle.

---

25 Hoose & Vorholt, 1996; Schweikert, 1999; Beinke, 2002; Prager & Wieland, 2005; Arbeitskreis Einstieg, 2004; Puhlmann, 2005; Görtz-Brose & Hüser, 2006; Reißig, 2009.

Im Rahmen der Elternarbeit muss die Berufs- und Studienorientierung aus zwei Gründen thematisiert werden:

- Eltern müssen angeleitet werden, ihren Einfluss richtig auszuüben. Ihr Einfluss ist nämlich nicht immer positiv. Er kann auch hinderlich sein.
- Eltern müssen lernen, sich mit Ratschlägen zurückzuhalten, die Eins zu Eins befolgt werden sollen, und stattdessen eher indirekt Einfluss zu nehmen, indem sie Denkanstöße und Zusatzinformationen geben und die Entscheidungsprozesse der Jugendlichen stimulieren und unterstützen. Diese gehen nämlich nicht immer angemessen mit den Ratschlägen ihrer Eltern um. Drei Viertel der Jugendlichen überschätzen den Rat ihrer Eltern und nehmen ihn für bare Münze, obwohl die Eltern die aktuelle Arbeits- und Berufswelt oft nur unzulänglich kennen. Nahezu zwei Drittel der Jugendlichen möchten am liebsten, dass ihre Eltern ihnen letztlich die Entscheidung abnehmen und ihnen geeignete Wege aufzeigen (Sacher, 2011, S. 7f.).

Schulische Elternarbeit im Zusammenhang mit der Berufsorientierung und Berufswahl hat hauptsächlich drei Aufgaben zu erfüllen:

- Zunächst muss an den *Grundhaltungen der Eltern* gearbeitet werden: Manche Eltern sind sich der Verantwortung, die sie tragen, gar nicht bewusst. Sie müssen für das Anliegen der Berufsorientierung und der Berufswahl ihrer Kinder und für die Rolle, die sie dabei spielen, erst sensibilisiert werden. Bei einem Teil der Eltern wird es in diesem Zusammenhang darum gehen, dass sie sich die eigenen Informations- und Kompetenzdefizite eingestehen, einem anderen Teil wird die Zuversicht zu vermitteln sein, sehr wohl Wichtiges zur Berufsorientierung ihrer Kinder beitragen zu können, und ein weiterer Teil muss davon überzeugt werden, dass es wenig hilfreich für ihre Kinder ist, wenn sie sich in falsch verstandener Liberalität aus deren Berufsorientierung und Berufswahl heraushalten.

- Auf diesen Grundhaltungen aufbauend kann dann die nächste Aufgabe in Angriff genommen werden, *Eltern fehlende Kompetenzen zu vermitteln*, die eine effektive Unterstützung der Jugendlichen bei der Berufsorientierung ermöglichen. Dazu gehört Wissen über die Berufs- und Arbeitswelt, über das duale Ausbildungssystem und das weiterführende Schulsystem sowie über Berufsberatungsangebote. Zudem muss Eltern aufgezeigt werden, wie sie ihre Kinder anleiten können, selbst Verantwortung zu übernehmen, anstatt ihnen die Entscheidungen einfach abzunehmen.
- Des Weiteren sollte das Hauptaugenmerk der Eltern darauf gerichtet werden, ihre *Kinder bei der inneren Exploration zu unterstützen,* die ebenso wie die äußere Exploration der Berufs- und Arbeitswelt eine unabdingbare Voraussetzung erfolgreicher Berufs- und Studienwahl ist. D. h. die Eltern sollten motiviert und in die Lage versetzt werden, gemeinsam mit ihren Kindern deren Stärken und Schwächen herauszufinden, um daraus resultierende Chancen in verschiedenen Berufsfeldern abwägen zu können und die Kinder dabei zu unterstützen, sich ihrer Werte (was ihnen wichtig ist im Leben), ihrer beruflichen Ziele und ihrer Zukunftspläne klar zu werden. Die Exploration der Berufs- und Arbeitswelt zu unterstützen, ist keine genuine Aufgabe der Eltern. Das können sie kompetenten anderen Partnern überlassen – Vertretern und Einrichtungen der Wirtschaft und der Arbeitsagenturen, Berufswahl- und Berufseinstiegshelfern, Praxisberatern und teilweise auch den Lehrkräften. Zu erfahren, dass sie sich nicht zu Experten der aktuellen Berufs- und Arbeitswelt qualifizieren müssen, kann für viele Eltern befreiend sein und ihnen Gefühle der Überforderung und des eigenen Ungenügens nehmen.
- Ein wichtiger Aufgabenbereich für Eltern ist auch die *emotionale Unterstützung der Jugendlichen* bei der Berufs- und Studienwahl. Eltern sind z. B. dann gefordert, wenn Jugendliche sich von der Vielfalt der Möglichkeiten überfordert fühlen, Ängste vor Fehlentscheidungen entwickeln, vor Vorstellungsgesprächen in Pa-

nik geraten oder nach ausbleibenden Reaktionen und nach Absagen wieder Selbstvertrauen aufbauen müssen.

4.3 Zusammenarbeit bei den Hausaufgaben[26]

Zahlreiche Studien[27] und insbesondere die Meta-Analysen von Hill und Tyson (2009) und Jeynes (2011) zeigten, dass die zuhause geleistete Unterstützung der Eltern für die Schule und Bildung ihrer Kinder – ihr sogenanntes heimbasiertes Engagement – weitaus wichtiger und effektiver ist als ihre Hilfeleistungen und ihr Engagement in der Schule, also schulbasiertes Engagement. Wie aber soll eine förderliche häusliche Unterstützung aussehen? Sowohl Lehrkräfte als auch Eltern denken dabei in erster Linie an Hilfe bei den Hausaufgaben und bei anderer schulbezogener Lernarbeit. Ein Blick auf den Forschungsstand zeigt allerdings, dass die Bedeutung elterlicher Hausaufgabenunterstützung stark überschätzt wird – ebenso übrigens wie die Wirksamkeit von Hausaufgaben überhaupt, insbesondere von sehr umfangreichen. In vielen Studien (z. B. Cooper, 2007, S. 61f.; Jeynes, 2011, S. 67; Lipowsky, 2007) und auch in PISA-Begleituntersuchungen (OECD, 2010a, S. 189) erwies sich die Überwachung und Unterstützung von Hausaufgaben durch Eltern als wenig effektiv, teilweise sogar als kontraproduktiv, und dies umso mehr, je älter die Kinder sind.

Es sind ganz andere Elemente heimbasierten Elternengagements, auf die es ankommt: hohe und zuversichtliche, aber realistische Leistungserwartungen gegenüber dem Kind, ein autoritativ-partizipativer Erziehungsstil sowie kognitive Anregungen, eine stimulierende häusliche Lernumgebung, der Besuch kultureller

26 Vgl. dazu im Einzelnen auch Sacher, 2013; Sacher, 2014a, S. 116–120.

27 Im Einzelnen aufgeführt bei Sacher, 2014a, S. 114.

Einrichtungen und Veranstaltungen sowie – im Grundschulalter – gemeinsames Lesen mit dem Kind (▶ Kap. 2.4.3).

Die ernüchternde Forschungslage zu Hausaufgaben hat auch damit zu tun, dass viele Eltern sich auf die falsche Weise um die Hausaufgaben ihrer Kinder kümmern. Besonders ungünstig ist es, wenn Eltern sich unaufgefordert einmischen, sich sehr stark auf Kontrolle und Disziplinierung verlegen, leistungsorientierten Druck ausüben, inhaltliche Unterstützung geben und direkt Lösungen aufzeigen.

Günstiger ist es, wenn Lehrkräfte – etwa im Rahmen eines Elternabends – die Eltern über die eingeschränkte Wirksamkeit von Hausaufgabenunterstützung aufklären und ihnen dringend abraten,

- *unaufgefordert zu helfen*: Unaufgeforderte und unnötige Hilfe behindert die Entwicklung der kindlichen Selbstständigkeit. Außerdem erleben Kinder solche unaufgeforderte Hilfe eher als Kontrolle denn als Unterstützung;
- *permanent zu helfen*: Permanente Hilfe macht die Kinder abhängig von der elterlichen Unterstützung. Zudem erhalten die Lehrkräfte einen falschen Eindruck von der Angemessenheit ihrer Aufgabenstellungen, wenn die Eltern permanent Schwierigkeiten, die ihre Kinder bei den Hausaufgaben haben, durch ihre Hilfe ausgleichen – zumal dann, wenn die Eltern der Klasse auch untereinander die Probleme ihrer Kinder nicht eingestehen und dadurch eine Art Peer-Pressure ausüben (Bennett & Kalish, 2006, S. 69);
- *direkt zu helfen*, d. h. ihnen nicht nur methodische, sondern inhaltliche Hilfestellungen zu geben, Lösungswege aufzuzeigen und letztlich die Aufgaben selbst zu bearbeiten.

Stattdessen sollte man Eltern motivieren und ermutigen,

- *die Selbstständigkeit der Kinder zu unterstützen:* Wenn es überhaupt eine Rechtfertigung dafür gibt, einen Teil der schulischen Lern-

und Bildungsprozesse als Hausaufgaben in die Familien auszulagern, dann am ehesten die, dass Hausaufgaben Gelegenheit geben, selbstständiges Arbeiten zu lernen und zu üben. Elterliche Hausaufgabenhilfe sollte daher stets die Eigenverantwortung und Autonomie der Kinder respektieren und stärken. Deshalb ist es in der Regel sogar am besten, gar nicht zu helfen und sich gar nicht einzumischen;

- *für günstige Arbeitsbedingungen zu sorgen:* Wirklich hilfreiche Unterstützung können Eltern leisten, wenn sie einen ruhigen und hellen Arbeitsplatz für die Kinder einrichten, in dessen Umgebung die benötigten Materialien in guter Ordnung bereitliegen, für das Unterbinden von Ablenkungen und das Fernhalten von Störungen sorgen, feste Zeiten für die Anfertigung von Hausaufgaben vereinbaren, ein vernünftiges Zeitmanagement einführen mit günstiger Verteilung der einzelnen Arbeits- und Übungsphasen und Pausen und wenn sie veranlassen, dass die Kinder eine Stunde nach den Hausaufgaben nicht fernsehen, sich nicht mit Computerspielen beschäftigen und auch keine anderen Medien nutzen;
- *nur auf Bitten der Kinder hin gelegentlich indirekt zu helfen:* Das kann geschehen durch Ermunterung zu selbstständigem Arbeiten, durch Aufforderung zu Selbstüberprüfung und Selbstkorrektur, durch Hinweise auf ähnliche Aufgaben und Hilfsmittel, durch Erläutern(lassen), Umformulieren(lassen) und Zerlegen (lassen) der Aufgabe und einzelner Begriffe, durch Erklären(lassen) des methodischen Vorgehens, d. h. der Zielsetzungen, der Arbeitsschritte, der Arbeits- und Lerntechniken und Problemlösungsstrategien, durch Herausarbeiten(lassen) von Leitfragen und Prinzipien. Bei leistungsschwachen Kindern kann man auch einmal anbieten, Ergebnisse durchzusehen, und ausnahmsweise auch einmal einen ersten Arbeitsschritt vorgeben und dann zum Alleine-Weitermachen ermutigen;
- *dem Kind emotionale Unterstützung zu geben:* D. h. Eltern sollten auch Anstrengungen, die nicht zum Erfolg führten, ausdrücklich wahrnehmen und honorieren, selbstständige Entscheidungen lo-

ben, Mut machen nach Misserfolgen, hohe Erwartungen und Zuversicht ausdrücken;
- *Interesse an den Hausaufgaben und an den aktuellen Unterrichtsinhalten zu zeigen:* Eltern können z. B. Fragen dazu stellen, sich etwas vom Kind zeigen und erklären lassen, was sie selbst so nicht kennen und noch nicht wissen.

Lehrkräfte sollten darauf achten, dass die erteilten Hausaufgaben möglichst von allen Kindern selbstständig bewältigt werden können und einen sinnvollen Zeitrahmen nicht überschreiten. International wird eine durch Forschungen gut abgesicherte 10-Minuten-Regel empfohlen: Danach ergibt das Produkt aus 10 und der Jahrgangsstufe den angemessenen zeitlichen Umfang aller an einem Tag anzufertigenden Hausaufgaben. Erstklässler sollten danach nicht länger als 10 Minuten, Zweitklässler nicht länger als 20 Minuten, Drittklässler nicht länger als 30 Minuten, Viertklässler nicht länger als 40 Minuten an Hausaufgaben sitzen usw. Für Schülerinnen und Schüler der 12. Klasse ergibt sich danach schließlich eine maximale Arbeitszeit von 120 Minuten (Cooper, 2007, S. 92).

Viel Ärger und viele Konflikte im Zusammenhang mit Hausaufgaben können vermieden werden, wenn es gelingt, schuleinheitliche Regeln für die Gestaltung der Hausaufgabenpraxis zu entwickeln, die auch Eltern und Schülerinnen und Schülern bekannt sind. Sie sollten mindestens enthalten:

- Aussagen zum maximalen Umfang von einzelnen Hausaufgaben und zur Gesamtbelastung an einem Tag sowie zu den Fristen zwischen Erteilung und Anfertigung von Hausaufgaben: Es empfiehlt sich, dass alle in der Klasse unterrichtenden Lehrkräfte die Termine und die vermuteten zeitlichen Belastungen in einer Übersicht dokumentieren.
- Regeln für das Vorgehen bei »vergessenen« Hausaufgaben,
- Regeln für das Vorgehen, wenn Kinder durch das Anspruchsniveau von Hausaufgaben überfordert sind oder die Menge der Hausaufgaben nicht bewältigen.

4.4 Zusammenarbeit mit Eltern mit Kontaktschwierigkeiten

Lehrkräfte stehen immer wieder vor der Herausforderung, dass gerade jene Eltern den Kontaktbemühungen von Seiten der Schule besonders wenig zugänglich sind, mit denen eine Kooperation zum Wohle der Kinder am dringendsten nötig wäre. Im Vergleich etwa zu den Vereinigten Staaten und Großbritannien gibt es im deutschsprachigen Raum nahezu keine Fachdiskussion über die schwierige Erreichbarkeit mancher Eltern (Sacher, 2012d). Wenn im Folgenden von »Schwererreichbarkeit« bzw. von »schwer erreichbaren« Eltern die Rede ist, dann soll damit nicht Eltern eine ungünstige Persönlichkeitseigenschaft oder gar Schuld zugeschrieben werden. Vielmehr sind damit Eltern bezeichnet, die sich in Situationen befinden, in denen es für sie schwierig ist, Kontakt zur Schule und zu Lehrkräften zu halten. Diese Situationen können höchst unterschiedliche Ursachen haben und sie können daher auch nur durch verschiedenartige Vorgehensweisen entschärft werden.

Beweggründe und Hindernisse für Elternengagement

Es gibt keine homogene Gruppe schwer zu erreichender Eltern, vielmehr ist eine differenzierte Betrachtung notwendig. Bevor nach den Ursachen von »Schwererreichbarkeit« gefragt wird, sollte man sich zunächst klar machen, was Eltern dazu bewegt, sich für die Bildung ihrer Kinder zu interessieren und zu engagieren und mit ihrer Schule zusammenzuarbeiten. Die Vielzahl der durch entsprechende Studien belegten Einflussgrößen lässt sich letztlich auf drei Faktoren reduzieren (Walker, Wilkins, Dallaire, Sandler & Hoover-Dempsey, 2005):

- *Die Motivation, sich zu engagieren:* Sie ist bedingt durch die kulturell geprägte Auffassung der Eltern von ihrer Rolle, vor allem davon, welche Verantwortung sie für die Bildung ihrer Kinder zu haben meinen, und durch ihre Selbstwirksamkeitsüberzeugung, d. h. das Ausmaß, in dem sie glauben, zur Bildung ihrer Kinder wirklich etwas beitragen zu können.

- *Die vermutete Erwünschtheit des Engagements*: Eltern engagieren sich umso stärker, je mehr sie den Eindruck haben, dass sowohl ihre Kinder als auch deren Lehrkräfte wirklich Wert darauf legen. Kinder zeigen ihren Eltern die Ablehnung ihres Engagements meistens in aller Offenheit. Dass die Schule solches Engagement nicht wünscht, müssen Eltern hingegen in der Regel aus gewissen Indizien schließen. Das Gefühl, ihr Engagement für die Bildung ihrer Kinder sei eher nicht willkommen, kann ihnen z. B. vermittelt werden durch eine wenig attraktive Gestaltung von Eltern-Kontakten und schulischen Veranstaltungen, durch geringe Nachdrücklichkeit und unpersönlichen Charakter von Einladungen, durch geringe Mitwirkungs- und Mitbestimmungsmöglichkeiten, durch Gespräche, in denen Lehrkräfte sich wenig Zeit für sie nehmen und sie mit allgemeinen Appellen abfertigen, statt mit ihnen konkrete und praktikable Lösungen für ihre Probleme zu suchen.
- *Die Lebensumstände und die Lebensgeschichte der Eltern:* Bildungsniveau und Schulabschlüsse, Kompetenzen hinsichtlich des Unterrichtsstoffes und im Hinblick auf Hilfestellungen, die sie ihren Kindern beim Lernen geben können, mehr oder weniger gute Beherrschung der Landessprache, frühere und aktuelle Erfahrungen mit der Schule, erlebte Diskriminierungen, Arbeitsbelastung, zu versorgende Kleinkinder, pflegebedürftige Angehörige, Verfügbarkeit oder Nichtverfügbarkeit von Verkehrsmitteln, Belastung durch finanzielle Probleme, Beziehungsprobleme, Alleinerziehung, Drogen-, Alkohol- oder Gewaltprobleme u. v. a. m. können das Engagement der Eltern ebenfalls erschweren oder erleichtern.

Kontaktbarrieren aus der Sicht der Eltern

Alma Harris und Janet Goodall (2007) führten in Großbritannien eine Studie durch, die Kontakthindernisse zwischen Elternhaus und Schule identifizierte und ihre Häufigkeit zu ermitteln versuchte. Die gefundenen Zahlen sind vermutlich nicht ohne weiteres auf andere westeuropäische Länder übertragbar. Interessant und bedenkenswert ist aber jedenfalls die Rangfolge:

- Am häufigsten (in Großbritannien in 30 % der Fälle) ist »Schwererreichbarkeit« darauf zurückzuführen, dass Eltern schlechte Erfahrungen mit der Schule gemacht haben, entweder während ihrer eigenen Schulzeit oder mit der Schule ihrer Kinder.
- Sehr oft (in GB in 18 % der Fälle) ist »Schwererreichbarkeit« in Kontakthindernissen begründet, die sich aus schwierigen Familiensituationen ergeben – Trennung, Armut, Arbeitslosigkeit, Krankheit, Pflegebedürftigkeit von Angehörigen usw.
- Ebenfalls häufig (in GB in 15 % der Fälle) sehen sich Eltern mit unangemessenen Erwartungen der Schule hinsichtlich ihrer eigenen Kompetenzen konfrontiert.
- Teilweise (in GB in 13 % der Fälle) legen Lehrkräfte ein kontakterschwerendes Verhalten an den Tag, treten allzu überlegen, distanziert oder dominant auf, verteilen Schuldzuweisungen an die Eltern oder beschränken das Gespräch rigide auf Schul- und Lernfragen und zeigen dadurch ihr Desinteresse an den Familien.
- Manchmal (in GB in 9 % der Fälle) ist »Schwererreichbarkeit« der Eltern auch auf reservierte und ablehnende Einstellungen der Schülerinnen und Schüler zurückzuführen. Das ist häufig der Fall in der Sekundarstufe und bei Kindern aus bildungsfernen Schichten, aber auch immer dann, wenn die Schülerinnen und Schüler ihre schulische oder außerschulische Intimsphäre gewahrt wissen wollen, wenn sie verhindern möchten, dass Leistungs- oder Verhaltensprobleme bekannt werden oder auch wenn sich Kinder und Jugendliche aus irgendwelchen Gründen ihrer Eltern schämen.

- Auch manche Merkmale der Schule sind kontakterschwerend (in GB in 7 % der Fälle) – ihre Mittelschichtorientierung, unzureichender Informationsaustausch, in der Kernarbeitszeit der Eltern liegende Sprechstundenzeiten, ein hochdifferenziertes Fachlehrersystem mit zahlreichen Ansprechpartnern für die Eltern und eine unübersichtliche Verflechtung von Zuständigkeiten an der Schule.
- Seltener (in GB in 7 % der Fälle) liegt ein ausgesprochenes Desinteresse der Eltern an der Schule vor.
- Nur in sehr wenigen Fällen (in GB in 1 % der Fälle) haben Eltern auch den Eindruck, dass die Schule nicht wirklich an Kontakten interessiert ist.

Diese Ergebnisse zeigen, dass es bei weitem nicht so oft und schon gar nicht allein das Desinteresse an der Bildung ihrer Kinder ist, welches Eltern davon abhält, Kontakt mit der Schule ihrer Kinder zu halten. Und auch wo ein solches Desinteresse vorliegt, ist zu fragen, woher es rührt. Nicht selten ist eine Gefühlslage aus Enttäuschung, Frustration und Resignation die Ursache, die sich herleitet aus der Erfahrung, »dass Bildung einem im Zweifelsfall gar nichts nützt« (Bude, 2011, S. 43) – nämlich dann nicht, wenn man aus bestimmen prekären Verhältnissen kommt. Sehr viel häufiger aber sind es ganz andere Lebensumstände und oft sogar selbstverschuldete Eigenheiten der Schule, die es Eltern erschweren, Kontakt mit den Lehrkräften ihrer Kinder zu halten.

Überwindung der Barrieren

Mehr noch als sonst muss die Arbeit mit schwer erreichbaren Eltern auf gleicher Augenhöhe betrieben werden, also in einer offenen, respektvollen und akzeptierenden Haltung. Jeder Anschein von Stigmatisierung, Etikettierung und Geringschätzung bestimmter Gruppen ist zu vermeiden. Schwieriger zu erreichende Eltern sind zugänglicher, wenn sie erleben, dass Lehrkräfte und Schulleitung nicht nur darauf aus sind, dass die Eltern den Vorgaben und

Erwartungen der Schule entsprechen, sondern sich auch bemühen, etwas über die Bedürfnisse und Möglichkeiten der Familien zu erfahren. Es führt nicht weiter, bestimmte Gruppen von Eltern zu verdächtigen, besonders »schwer erreichbar« zu sein (etwa sozial Benachteiligte, Migranten oder Eltern leistungsschwacher Kinder). Selbst wenn das im konkreten Fall zutreffen mag, ist dann immer noch zu klären, was sie hindert, ausreichend Kontakt mit der Schule ihrer Kinder zu halten.

Den ersten Schritt zur Überwindung oder wenigstens zur Absenkung von Kontaktbarrieren stellt immer das Herausfinden der spezifischen Schwierigkeiten und Hindernisse dar, mit denen die Familien zu kämpfen haben. Geeignete Maßnahmen legen sich meist von selbst nahe, wenn die Kontaktbarrieren erst einmal erkannt sind. Um sie herauszufinden, kann man bei Personen und Einrichtungen recherchieren, welche Kontakt mit den »schwer erreichbaren« Eltern haben und sie gut genug kennen, um abzuschätzen, was ihr Engagement vermutlich erschwert. Wünschenswert wäre natürlich, dass ein persönliches Gespräch zwischen ihnen und Vertreterinnen und Vertretern der Schule zustande kommt. In jedem Fall müssen Lehrkräfte die Initiative ergreifen und auf die »schwer erreichbaren« Eltern zugehen. »Niemand ist schwer erreichbar, es braucht nur mehr Aufwand, manche zu erreichen!« (Brackertz, 2007). Erreichen kann man Eltern durch persönliche Ansprache, Anrufe, individuelle Briefe, Emails, SMS oder auch durch Präsenz an Plätzen und bei Veranstaltungen in ihrem Stadtteil. Eine sehr effektive Form des Auf-Eltern-Zugehens ist der Hausbesuch, der aber nicht erst problemveranlasst, sondern routinemäßig erfolgen sollte, weil er sonst möglicherweise diskriminierend wirkt.

Wenn es gelingt, den Kontakt zu »schwer erreichbaren« Eltern herzustellen, ist das nächste Ziel, sie in eine Erziehungs- und Bildungspartnerschaft einzubinden, indem man ihnen zeigt und sie dabei berät, wie sie die Bildung ihrer Kinder unterstützen können. Dabei ist es wichtig, Maßnahmen vorzuschlagen, die auch für weniger gut situierte Familien und bei knappen Zeitressourcen realisierbar sind: vor allem die Bereitstellung einer sowohl liebevollen als auch strukturierten häuslichen Umgebung, die Pflege einer Lese-, Schreib- und Gesprächskultur in der Familie, die vorgelebte Wertschätzung von Lernen und Bildung, das Zeigen von Interesse an Lernfortschritten der Kinder und hohe, allerdings nicht übertriebene Erwartungen hinsichtlich ihrer Lernanstrengungen und Erfolge.

Je nach Familiensituation und den individuellen Belastungen der Eltern kann es hilfreich sein, sich mit anderen pädagogischen, psychologischen und medizinischen Fachkräften und Institutionen zu vernetzen und mit ihnen zu kooperieren. Nur auf diese Weise können komplexe Problemlagen mancher Familien umfassend angegangen werden. Außerdem sollte man sich bemühen, außer mit den Sorge- und Erziehungsberechtigten auch mit weiteren Partnern aus den Familien und ihrem Umfeld zu kooperieren und die Eltern in Netzwerke von Elternbetreuern, Aktiveltern, Bildungslotsen, Elternmentoren, Nachbarschafts- und Stadtteilgruppen und weiteren Institutionen, Organisationen und Experten einzubinden. Günstig ist es, wenn man Bezugspersonen für »schwer erreichbare« Eltern finden kann, die sie bei Veranstaltungen in der Schule begleiten und betreuen, sie aber jedenfalls wahrnehmen und ihnen zugleich das Gefühl geben, dass jemand es bemerkt und bedauert, wenn sie abwesend sind.

Latent und manifest »Schwererreichbare« und »Kontaktverweigerer«

Es ist zu unterscheiden zwischen manifest und latent »schwer erreichbaren« Eltern: Manifest »schwer erreichbare« Eltern begeben sich gewissermaßen in die äußere Emigration, indem sie den Kontakt mit der Schule und den Lehrkräften ihrer Kinder mehr oder weniger ganz einstellen. Latent »schwer erreichbare« Eltern halten zwar Kontakt mit der Schule, ziehen aber keinen Nutzen daraus und sehen keinen wirklichen Sinn darin. Im Grunde bleiben sie nur deshalb nicht weg, weil sie nicht den Eindruck erwecken wollen, sie würden sich nicht für die Schulbildung ihrer Kinder interessieren. Sie werden also durch die Schule nicht mehr wirklich erreicht, sie befinden sich gewissermaßen in der inneren Emigration. Die Wahrscheinlichkeit ist hoch, dass sie schließlich auch den physischen Kontakt einstellen und zu manifest »schwer erreichbaren« Eltern werden, wenn sich ihre persönliche Lebenssituation zuspitzt.

Die Unterscheidung zwischen manifest und latent »schwer erreichbaren« Eltern lenkt die Aufmerksamkeit auf einen entscheidenden Punkt: *Es genügt nicht, Eltern auf irgendeine Weise in Kontakt mit der Schule und den Lehrkräften ihrer Kinder zu bringen. Fruchtbar und nachhaltig sind Kontakte nur dann, wenn es gelingt, sie so zu gestalten, dass die Eltern Sinn darin sehen und Gewinn daraus ziehen.*

Eine völlig andere Kategorie sind unerreichbare Eltern, »die auch auf wiederholte schriftliche und mündliche Einladungen und Aufforderungen nicht reagieren, evtl. sogar die Herausgabe einer Telefonnummer verweigern, keinen erzieherischen Einfluss mehr auf ihre Kinder haben und nehmen wollen, nicht wissen und sich nicht darum kümmern, ob ihr Kind überhaupt zum Unterricht kommt, und denen letztlich deren Bildung und Entwicklung egal ist« (Sacher, 2014a, S. 147). Hier handelt es sich nicht mehr um Schwererreichbarkeit, sondern um Kontaktverweigerung. Lehrkräfte sind im Allgemeinen nicht in der Lage, eine Kooperation mit solchen Eltern aufzubauen. Die Schule kann meist nur versuchen, mit den Kindern und Jugendlichen alleine zu arbeiten, sie möglichst in Ganztagseinrichtungen unterzubringen und vielleicht andere Betreuer für sie zu gewinnen.

> »Zur Klientel der Elternarbeit gehören nicht unerreichbare, sondern nur ›schwer erreichbare‹ Eltern, Eltern, die gewissermaßen ›auf der Kippe‹ stehen, die im Begriffe sind, uns zu entgleiten, und mit denen der Kontakt abzubrechen droht. Allerdings darf die Diagnose der ›Unerreichbarkeit‹ auch nicht übereilt vor einer gründlichen Analyse des konkreten Falles ausgesprochen werden« (Sacher, 2014a, S. 147).

4.5 Familien in der Scheidungsphase und mit unterschiedlichen strukturellen Zusammensetzungen

Eine Herausforderung für die Kooperation zwischen Schule und Elternhaus ist auch die Tatsache, dass die Schülerinnen und Schüler heute aus Familien mit sehr unterschiedlichen Strukturen kommen, längst nicht mehr nur aus traditionellen Kernfamilien, sondern auch aus nichtehelichen Lebensgemeinschaften, Ein-Eltern-Familien, Patchworkfamilien, Pflegefamilien, Adoptivfamilien und Regenbogenfamilien. Dabei leben in Deutschland – wenn man die Zahlen des Jahres 2016 zugrunde legt – immer noch die meisten Kinder (ca. 68 %) in traditionellen Kernfamilien mit verschiedengeschlechtlichen Eltern, nur etwas über 8 % in nichtehelichen Lebensgemeinschaften, aber fast ein Viertel (23,3 %) bei alleinerziehenden Eltern (zu fast 90 % bei den Müttern). Bei gleichgeschlechtlichen Paaren – in Regenbogenfamilien – leben 0,07 % (Statistisches Bundesamt, 2017b, S. 24; Bergold & Buschner, 2018). Bei Pflegeeltern wachsen 0,65 % und bei Adoptiveltern 0,4 % der Kinder auf (Fendrich & Mühlmann, 2016, S. 7; Statistisches Bundesamt[28]).

Familien in Trennung oder Scheidung

Die Gesamtzahl der minderjährigen Kinder, die in den Jahren 2008 bis 2017 von einer Scheidung ihrer Eltern betroffen waren, beläuft sich in Deutschland auf 1.390.394[29]. Hinzu kommen zahlreiche

28 Vgl. Statistisches Bundesamt: https://www.destatis.de/DE/ZahlenFakten/GesellschaftStaat/Soziales/Sozialleistungen/KinderJugendhilfe/Tabellen/HilfenErziehungAusElternhaus.html [18.12.2018].

29 https://de.statista.com/statistik/daten/studie/484867/umfrage/anzahl-minderjaehrige-scheidungskinder-in-deutschland/ [18.12.2018].

nicht-eheliche Kinder, deren Eltern sich trennten. Bedenkt man, dass ein Teil inzwischen volljährig ist, so ist davon auszugehen, dass bei ca. 11 Millionen in Deutschland lebenden Kindern etwa jedes zehnte ein Scheidungskind ist.

Schulen und Lehrkräfte sind nicht legitimiert, sich in Partnerprobleme der Eltern einzumischen. Aber sie sind gehalten, von den Kindern und Jugendlichen Schaden abzuwenden, der durch die Trennung und Scheidung ihrer Eltern entstehen kann (Berger, 2009). Lehrkräfte sollten deshalb betroffene Schülerinnen und Schüler aufmerksam beobachten und bei Auffälligkeiten Kontakte zu Personen und Einrichtungen der Familien- und Jugendhilfe herstellen, die z. B. für Familien in Trennung und Scheidung Eltern- und Kindergruppen anbieten.

> »Intensive Elternarbeit ist dort notwendig, wo durch die gegenseitige Abwertung der Eltern die Kinder im Loyalitätskonflikt gefangen sind und dies eine Gefahr für ihre Persönlichkeitsentwicklung darstellt« (Oberösterreichische Landesregierung, 2015, S. 16).

Bei der Kommunikation und Kooperation mit den Eltern sollte unbedingt vermieden werden, dass eine »Ein-Eltern-Familie« mit einem weitgehend ausgegrenzten zweiten Elternteil entsteht (Krieg & Hoffmeyer, 2014). Entsprechende Ausgrenzungsbemühen eines Elternteiles darf die Schule keinesfalls unterstützen. Stattdessen sollte sie den Eltern helfen zu lernen, ihre Paarbeziehung von ihrer Elternbeziehung zu trennen und in dieser eine tragfähige Kooperation zu entwickeln, welche dem Kind die Chance bietet, beide Elternteile zu erhalten (ebd.).

Das Sorgerecht wird in Deutschland bei Scheidungen zwar meistens beiden Eltern gemeinsam gegeben. Aber auch dann, wenn ein Partner das alleinige Sorgerecht hat, sollte man den anderen Elternteil zumindest zu öffentlichen Veranstaltungen der Schule mit einladen und ihm das Gefühl geben, willkommen zu sein.

Stief- und Patchworkfamilien, Pflegefamilien, Adoptivfamilien und Regenbogenfamilien

Die Kooperation mit *Patchworkfamilien, Pflegefamilien und Adoptivfamilien* kann durch multiple Elternschaft erschwert werden, d. h. durch den Umstand, dass es neben den juristischen und sozialen Eltern, bei denen das Kind lebt, auch biologisch-genetische Eltern gibt. Hier ist jeweils sorgfältig zu klären, wer die relevanten Kooperationspartner für die Schule sind und wie mit den anderen Eltern umzugehen ist. Wenn man von den Kindern und Jugendlichen her denkt, sollten – wie schon oben ausgeführt (▶ Kap. 2.2) – möglichst alle Erwachsenen Ansprechpartner der Schule sein, die bereit sind, für die Kinder Verantwortung zu übernehmen. Allerdings empfiehlt es sich, einen »Hauptansprechpartner« zu identifizieren, der gewissermaßen die erste Anlaufstelle für die Schule ist. Besonders bei *Stief- und Patchworkfamilien* ist das unerlässlich, denn diese sind außerordentlich komplexe und formenreiche Lebensgemeinschaften.

Das weit verzweigte Verwandtschafts- und Beziehungsnetz von Stief- und Patchworkfamilien enthält im Idealfall ein beachtliches Unterstützungspotential, kann im ungünstigen Fall aber auch Quelle vielfältiger Rivalitäten und Konflikte sein.

Es versteht sich von selbst, dass Vertreterinnen und Vertreter der Schule Erwachsenen und Kindern, die in Familienformen leben, die nicht dem traditionellen bürgerlichen Familienideal entsprechen, mit demselben Respekt begegnen wie allen anderen. Keinesfalls dürfen Ausgrenzungen und Selbstausgrenzungen in der Schülerschaft und Elternschaft hingenommen werden, die dann oft dazu führen, dass Eltern »schwer erreichbar« werden.

Einelternfamilien

Die Situation alleinerziehender Eltern kann auf ganz unterschiedliche Weise die Kooperation mit der Schule erschweren: Alleinerziehende Mütter (fast 90 % der Alleinerziehenden sind weiblich!) haben häufig mit schwierigen Lebenslagen zu kämpfen – mit finanziellen Problemen, beruflicher Belastung durch Vollzeitarbeit und Kinderbetreuung, psychischen Belastungen, manchmal auch mit sozialer Isolierung und Diskriminierung[30]. All dies kann zur Folge haben, dass sie Kontakte mit der Schule und den Lehrkräften ihrer Kinder vernachlässigen und dann – zu Unrecht – als »schwer erreichbar« gelten. Insbesondere sehr junge ledige Mütter können damit überfordert sein, dass sie alleine die Verantwortung für die Erziehung ihrer Kinder tragen müssen (Textor, 1991; Statistisches Bundesamt, 2017c).

Je nach Vorgeschichte kann das Erzieherverhalten von Alleinerziehenden sich auf ganz unterschiedliche Weise ungünstig entwickeln: Überlastung und Stress können zu autoritärem Verhalten oder auch zu Vernachlässigung führen. Negative Gefühle gegenüber dem ehemaligen Partner können auf die Kinder übertragen werden oder die Kinder werden abgelehnt, weil sie die eigene Selbstverwirklichung verhindern. Manchmal werden sie auch zum alleinigen Lebensmittelpunkt des alleinerziehenden Elternteils und dementsprechend überbehütet oder auch übermäßig kontrolliert.

Angesichts der besonderen Situation in Einelternfamilien erfordert eine gelingende Kooperation mit der Schule häufiger Ad-hoc-Hilfen in Beratungsgesprächen und längerfristig auch spezielle Elternbildungsveranstaltungen. Dabei sollte das Schwergewicht darauf liegen, Eltern zu angemessenem heimbasierten Engagement für die Bildung ihrer Kinder zu motivieren und zu befähigen. Dem Eindruck, die Schule erwarte in diesem Zusammenhang Hausaufgabenhilfe und Lerncoaching von den Eltern, ist nachdrücklich entgegenzutreten. Soweit Alleinerziehende Schwierigkeiten haben, persönlich Kontakt mit Lehrkräften aufzunehmen, müssen andere Wege gefunden werden, wie man sie auf dem Laufenden halten und mit allen wichtigen Informationen versorgen kann.

30 Zur Diskriminierung alleinerziehender und v. a. lediger Mütter in historischer Perspektive vgl. Buske, 2004; Bechter, Guerrini & Ralser, 2013.

4.6 Sozial benachteiligte Familien

Auch die Zusammenarbeit mit sozial benachteiligten Eltern kann schwierig sein. Eltern mit geringer formaler Bildung und Eltern in prekären Verhältnissen fühlen sich häufig ausgegrenzt, und oft entspricht ihr Eindruck auch der Realität. Ihre Ausgrenzung muss gar nicht in der Schule erfolgen. Manchmal sind es ihre Erfahrungen außerhalb der Schule – Erfahrungen im Bekanntenkreis, mit anderen Institutionen usw. –, welche auch gut gemeinte Bemühungen der Schule, der Lehrkräfte und anderer Eltern abprallen lassen. Es kann auch vorkommen, dass Eltern in solchen Lebenssituationen der drohenden Ausgrenzung durch Selbstausgrenzung zuvorkommen, indem sie sich zurückziehen und Kontakte, Kommunikation und Kooperation nur in sehr eingeschränktem Maße zulassen oder gar verweigern.

Wenn in mitteleuropäischen Ländern von Armut gesprochen wird, bezieht sich das üblicherweise auf die Definition der »relativen Armut«, die anhand der Armutsgefährdungsquote bestimmt wird. Als armutsgefährdet gilt, wer mit weniger als 60 % des mittleren Einkommens sein Auskommen finden muss. Ab der Mitte der 1990er Jahre stieg in Deutschland der Anteil der armutsgefährdeten Bevölkerung von etwa 11 % auf rund 15-16 % an und blieb in den vergangenen 10 Jahren relativ konstant auf diesem Wert (AWO Bundesverband e. V., 2010, S. 13; Bundesministerium für Arbeit und Soziales, 2013; Statistisches Bundesamt[31]). Dabei sind Kinder und Jugendliche überdurchschnittlich häufig betroffen, v. a. wenn sie in Ein-Eltern-Familien leben (Armutsrisiko 40 %) oder eine ausländische Staatsangehörigkeit haben (Armutsrisiko 30 %). Überproportional von Armut betroffen sind auch kinderreiche Familien und Beschäftigte im Niedriglohnsektor bzw. erwerbslose Menschen.

31 https://www.destatis.de/DE/Themen/Gesellschaft-Umwelt/Einkommen-Konsum-Lebensbedingungen/Lebensbedingungen-Armutsgefaehrdung/Tabellen/armutsschwelle-gefaehrdung-silc.html [19.07.2019].

Menschen mit unvollständiger Schulbildung oder lediglich Pflichtschulabschluss sind ebenfalls in deutlich höherem Ausmaß von Erwerbslosigkeit und Armut betroffen als Menschen mit Berufsausbildungen, Abitur oder einem Hochschulabschluss. Materielle Armut und sogenannte Bildungsferne gehen oft miteinander einher. Armut oder Armutsgefährdung sollten jedoch nicht als dauerhafte Merkmale einer Person oder Familie verstanden werden, sondern als veränderbarer Zustand. Dennoch stellen sie heute für viele Menschen im Laufe des Lebens ein *biographisches Risiko* dar (Leibfried et. al. 1995, zit. nach. AWO Bundesverband e. V. 2010, 18).

Wenn Familien dauerhaft in materieller Knappheit leben, hat dies Auswirkungen sowohl auf die Eltern als auch auf ihre Kinder. Das Aufwachsen in Armut kann neben materiellen Benachteiligungen zur Beeinträchtigung der gesundheitlichen, sozialen und kulturellen Situation der Kinder führen. Eine Einschränkung der Entwicklungs- und Teilhabechancen und die Erfahrung sozialer wie kultureller Exklusion veranlasst Kinder häufig dazu, ihre Zukunftswünsche und -perspektiven nach unten anzupassen (AWO Bundesverband e. V., 2010, 23 ff.). Bei Eltern kann die Erfahrung von Armut unterschiedliche Folgen in Bezug auf die Lebensgestaltung und Erziehung ihrer Kinder haben, die erschwerend für die Etablierung einer Erziehungs- und Bildungspartnerschaft mit der Schule wirken können.

Ein besonders ungünstiger Effekt ist die Beeinträchtigung der Handlungsfähigkeit der Betroffenen. Die Summe von Unterversorgungslagen kann demoralisierende Effekte mit sich bringen, sodass die Eltern keine Möglichkeit mehr sehen, an ihrer Situation etwas zu ändern und mit Resignation, Hilflosigkeit und Rückzug reagieren. Ist dies besonders ausgeprägt, kann es dazu führen, dass keine bewusste Erziehung mehr stattfinden kann. Im schlimmsten Fall »sind die Erwachsenen weder mental noch alltagspraktisch in der Lage, ihren Kindern Daseinskompetenzen wie Bindungs- und Konfliktfähigkeit, Durchhaltevermögen, emotionale Stabilität oder haushälterische Grundkompetenzen zu vermitteln« (Meier et al. 2003, zit. nach AWO Bundesverband e. V. 2010, 29). Ein Anknüpfungspunkt für die Zusammenarbeit mit der Schule ist in diesem Fall die häufig vorhandene Bereitschaft der Eltern, Hilfen und Unterstützung in Anspruch zu nehmen (AWO Bundesverband e. V., 2010, 28 ff.).

Bei einigen Eltern führt Armut dazu, dass sie an die Grenzen ihrer Belastbarkeit gelangen. Sie leben oft unter großem Zeitdruck und in einem Dauerzustand der Erschöpfung, z. B. wenn sie alleinerziehend sind, viele Kinder haben oder im Niedriglohnsektor beschäftigt sind. In Bezug auf die Erziehung der Kinder ist dann zumeist der Mangel an Zeit und Energie die größte Schwierigkeit. Bei manchen Menschen gehen geringe materielle Möglichkeiten mit einer erhöhten Konsumorientierung einher. Hier kann es zu einer Verquickung von Erziehung und Konsum kommen: Süßigkeiten, materielle Güter, aber auch die Möglichkeiten von hohem Medienkonsum z. B. durch einen eigenen Fernseher oder Computer im Kinderzimmer werden von den Eltern als Ausdruck von Fürsorge und Liebe gesehen. Vor allem in den Medien wird dieser Erziehungsstil als typisch für sogenannte »bildungsferne Schichten« dargestellt und kritisiert. Für die Zusammenarbeit mit den Eltern ist es hilfreich, die Bedeutung dieses Erziehungsstils zu verstehen. Trotz knapper finanzieller Ressourcen möchten sie die Wünsche der Kinder erfüllen. Diese Bereitschaft, die Bedürfnisse der Kinder gegebenenfalls auch über die eigenen zu stellen, ist ein wichtiger Ansatzpunkt für die schulische Zusammenarbeit mit ihnen (AWO Bundesverband e. V., 2010, 31 f.).

Generell sollte die Arbeit mit bildungsfernen Eltern und mit Eltern in prekären Verhältnissen zunächst an ihren zentralen Befindlichkeiten ansetzen, nämlich an ihrer Enttäuschung, Frustration und Resignation, die sich oft herleiten aus der Erfahrung, »dass Bildung einem im Zweifelsfall gar nichts nützt« (Bude, 2011, S. 43) – nämlich dann nicht, wenn man aus bestimmen prekären Verhältnissen kommt. Ohne dass man ihr Selbstvertrauen und ihre Selbstwirksamkeitsüberzeugung stärkt, wird man bei solchen Eltern wenig erreichen. Mit anderen Worten: Erfolg versprechend ist hier allein eine Strategie des *Empowerment*. Diese darf sich allerdings nicht auf bloße Ermutigung beschränken, sondern muss ganz konkrete Bildungsmöglichkeiten aufzeigen und anbieten.

Außerdem sollten Lehrkräfte und die Schulleitung auf einen niedrigschwelligen Zugang in der Zusammenarbeit mit Eltern und der angebotenen Bildungs- oder Beratungsmöglichkeiten achten. Für armutsgefährdete Eltern und für Eltern mit geringer formaler Bildung gibt es eine Reihe von Zugangsschwellen in Bezug auf die Zusammenarbeit mit der Schule sowie für die Mitwirkung am Bildungserfolg der Kinder (AWO Bundesverband e. V., 2010, S. 49):

- *Hierarchische Zugangsschwellen*: Eltern können eine Abneigung gegen als beurteilend und bevormundend empfundene Angebote entwickeln, der oftmals negative Erfahrungen mit Autoritäten und Institutionen zugrunde liegen. Dem können Lehrerinnen und Lehrer mit einer akzeptierenden und vorurteilsfreien Haltung entgegenwirken.
- *Soziale Zugangsschwellen*: Diese entstehen, wenn Eltern sozial isoliert sind oder z. B. Angebote der Elternbildung nicht wahrnehmen, weil diese mit anderen Gesellschaftsschichten identifiziert werden. Als hilfreich erweist es sich, wenn es unverbindlichere Angebote gibt und diese nahe an die Zielgruppe gebracht werden können, etwa in Form von offenen Elterntreffs oder vernetzten Angeboten mit Sozialpartnern in der Region.
- *Kulturelle Zugangsschwellen*: Damit sind Hemmnisse gemeint, die dann entstehen, wenn die Art der Zusammenarbeit mit Eltern nicht den kulturellen Wertvorstellungen der Zielgruppe entspricht oder kulturelle Kompetenzen wie beispielsweise Schriftlichkeit verlangt werden, die nur in geringem Ausmaß oder gar nicht vorhanden sind. Elternarbeit sollte nach Möglichkeit sprachlich wie kulturell offen und differenziert sein.
- *Zeitliche Zugangsschwellen*: Wenn die Arbeitszeiten der Eltern nicht der Norm entsprechen oder ihre zeitlichen Ressourcen etwa aufgrund mehrerer Minijobs sehr begrenzt sind, bedeutet

für sie die Zusammenarbeit mit der Schule eine zusätzliche zeitliche Belastung. Hilfreich ist zeitliche Flexibilität z. B. bei Gesprächsterminen oder auch eine aufsuchende Elternarbeit.

Trotz ihrer schwierigen Situationen und oft mehrfachen Belastungen verfügen die meisten Eltern mit geringer formaler Bildung und in prekären Lebenslagen über viele Kompetenzen und Stärken und den Wunsch, ihre Lebenssituation zu verbessern. Daran gilt es in der Zusammenarbeit mit ihnen z. B. mittels Strategien lösungsorientierter Gesprächsführung anzuknüpfen (► Kap. 3.3.4).

4.7 Familien aus anderen Kulturen

Zur Lebenssituation von Migrant/innen

Wenn hier von Migrantinnen und Migranten die Rede ist, dann meinen wir in einem etwas weiteren und unbestimmten Sinne Menschen, die ihre Identität mindestens teilweise aus einer anderen kulturellen Zugehörigkeit herleiten. Bei Migranten handelt es sich jedoch keineswegs um eine einheitliche Gruppe. Hinter der Zuschreibung eines Migrationshintergrundes verbergen sich äußerst heterogene Lebensrealitäten. Menschen, die nach Deutschland zugewandert sind, unterscheiden sich oft stark hinsichtlich Herkunftsland, Religion, sozialer Schicht, formaler Bildung, Erziehungsstil, Aufenthalts- und Einbürgerungsstatus, aktueller Lebenssituation usw. Allerdings zeigt sich in vielen Studien, dass sie oft über keine oder nur niedrige Schulabschlüsse verfügen, überproportional häufig einen niedrigen sozioökonomischen Status haben, mehr als doppelt so oft von Erwerbslosigkeit und prekären Arbeitsverhältnissen betroffen sind (Statistisches Bundesamt, 2017a, S. 50 ff., S. 81, S. 87) und deshalb auch häufiger an oder unter der Armutsgrenze leben. Viele Herausforderungen und Probleme, welche die öffentliche Diskussion voreilig auf den Migrationsstatus zurückführt, resultieren letztlich aus der sozialen Situation der Migranten.

Kinder und Jugendliche mit Migrationshintergrund leiden oft unter Bildungsbenachteiligung: Ihre Bildungschancen und Bildungswege unterscheiden sich meist erheblich von denen ihrer herkunftsdeutschen Mitschülerinnen und Mitschüler, auch wenn sich der Effekt seit dem Jahr 2000 verringert hat. Nahezu doppelt so oft wiederholen sie in den ersten neun Schuljahren zumindest eine Klasse, sie besuchen deutlich seltener Gymnasien und wesentlich häufiger Hauptschulen. Jugendliche mit Migrationshintergrund haben mehr als doppelt so oft wie autochthone Deutsche nicht einmal einen Hauptschulabschluss und fast dreimal seltener die allgemeine Hochschulreife (Autorengruppe Bildungsberichterstattung, 2012, S. 96, S. 254, S. 258, Autorengruppe Bildungsberichterstattung, 2016, S. 173 ff.). Und selbst mit vergleichbaren Noten und Schulabschlüssen finden Jugendliche aus zugewanderten Familien seltener einen Ausbildungsplatz (Stanat, Rauch & Segeritz, 2010, S. 202). In großen Schulleistungsstudien wie PISA oder IGLU zeigte sich, dass die Kompetenzen von Jugendlichen mit Migrationshintergrund in Lesen, Mathematik und Naturwissenschaften geringer sind, als die ihrer autochthon deutschen Mitschülerinnen und Mitschüler (OECD, 2016, S. 261 ff.).

Es konnte aber nicht bestätigt werden, dass die geringeren Bildungschancen der Kinder von Migrant/innen auf geringere Bildungsaspirationen ihrer Eltern zurückzuführen sind (Stanat, Rauch & Segeritz, 2010, S. 202; Christensen & Stanat, 2006, S. 132; Die Bundesregierung, 2007, S. 48). Größtenteils ist vielmehr die Zugehörigkeit zu benachteiligten Bevölkerungsschichten ursächlich für die anhaltende Bildungsbenachteiligung. Auch eine zuhause gesprochene nichtdeutsche Sprache wirkt sich nachteilig aus. Daneben gibt es aber noch einen eigenständigen Diskriminierungseffekt, der dann besonders stark ist, wenn die Mehrheitsbevölkerung kulturelle Herkunft, Sprache, Religionszugehörigkeit und Wohnen in bestimmten Stadtteilen mit Abwertung und Vorurteilen verbindet. So bleibt z. B. ein negativer Effekt des Migrationshintergrundes auf

PISA-Ergebnisse und die Häufigkeit von Klassenwiederholungen auch dann noch bestehen, wenn man den sozioökonomischen Status berücksichtigt (Siegert, 2008, S. 35f. u. S. 40; Stanat, Rauch & Segeritz, 2010, S. 201; Borgonovi & Montt, 2012, S. 49; Autorengruppe Bildungsberichterstattung, 2012, S. 76, S.212; OECD, 2016, S. 268 ff., S. 277 ff.). Entlarvend ist auch ein Ergebnis des Mikrozensus 2011: Danach waren 2011 in Deutschland 10,9 % aller Personen mit Abitur armutsgefährdet, aber 16,4 % der Personen, welche nur einen Hauptschulabschluss hatten. Doch Migrant/innen mit Abitur waren ungeachtet ihres hohen Bildungsniveaus sogar zu 19,9 % von diesem Risiko betroffen (Statistisches Bundesamt, 2011, S. 12)!

Die besondere Situation von Flüchtlingen und Asylsuchenden[32]

Besonders prekär ist die Situation vieler Flüchtlinge und Asylsuchender. Naturgemäß haben sie in der Regel zunächst nur geringe deutsche Sprachkenntnisse. Am schnellsten Deutsch lernen meistens die Kinder durch den Schulbesuch. Viele Geflüchtete und Asylsuchende sind durch Erlebnisse im Herkunftsland oder auf der Flucht traumatisiert und leiden unter psychischen Problemen. Jedes fünfte Kind zeigt die komplette Symptomatik einer posttraumatischen Belastungsstörung (Bundespsychotherapeutenkammer, 2015, S. 7). Manche Eltern haben einen ausgeprägten Protektionismus bezüglich ihrer Kinder entwickelt. Die meisten Flüchtlinge und Asylsuchenden verfügen kaum noch über nennenswerte finanzielle Ressourcen. Für viele führte die Flucht zu einem sozialen Abstieg. Ein Teil hat nur geringe oder gar keine Schulbildung, manche sind sogar Analphabeten. Die meisten wohnen zunächst sehr beengt, haben kaum Kontakt mit der übrigen Bevölkerung am Ort und mussten auch schon Rassismus und Ausländerfeindlichkeit erfahren. Häufig wurden durch die Flucht Familien auseinandergerissen. Es fehlt vor allem die im Herkunftsland verfügbare Unterstützung der Großfamilie. In der Kernfamilie werden die Ge-

32 Im Einzelnen vgl. Sacher & Johannsen, 2019, S. 138f.

schlechterrollen neu definiert. Häufig kommt es auch zu einer Rollenumkehr zwischen Eltern und Kindern: Da diese bald besser Deutsch sprechen als ihre Eltern, werden sie zu deren Vermittlern für den Zugang zur neuen Lebenswelt. Es kommt zur »Parentifizierung« der Kinder, die Erwachsene und Kinder zugleich sein und ungewohnte Verantwortung übernehmen müssen.

Das Verhältnis von Migrant/innen zur Schule ihrer Kinder

Aus den vielfältigen Benachteiligungen von Eltern nichtdeutscher Herkunftskulturen könnte man auf ein problembelastetes Verhältnis zu den Lehrkräften und Schulen ihrer Kinder schließen. Dafür spricht auch, dass Migrant/innen z. T. andere Wertsysteme als herkunftsdeutsche Eltern haben. Traditionelle Werte wie Autorität und familiärer Zusammenhalt nehmen darin oft einen viel höheren Rang ein als Selbstverwirklichungs- und Freiheitswerte. Meistens folgt auch die Rollenverteilung der Geschlechter einem traditionellen Verständnis. Danach entscheiden in der Regel die Väter über die Bildungsangelegenheiten der Kinder. Das führt teilweise zu nachgerade dilemmatischen Situationen: Da in Deutschland größtenteils die Mütter den Kontakt zur Schule und zu den Lehrkräften halten, fühlen sich Väter mit Migrationshintergrund bei Veranstaltungen der Elternarbeit unter lauter Frauen deplatziert und ziehen sich zurück. Ihre Ehefrauen aber haben dann bei wichtigen Entscheidungen über den Bildungsweg der Kinder nicht das letzte Wort. Zudem sind sie weniger in der Lage, ihre Kinder zu unterstützen, da sie oft selbst nur über eine geringe formale Bildung verfügen und kaum Deutsch sprechen.

Eltern mit Migrationshintergrund ist auch häufig nicht klar, dass in Deutschland Bildungswege stark von der aktiven Begleitung der Eltern abhängen. In »vielen Schulsystemen der Herkunftsländer liegt die primäre Verantwortung für die Bildung bei den Schulen, weshalb die Distanz zwischen Elternhaus und Schule wesentlich größer ist als in Deutschland« (Leyendecker, 2008, S. 95). Deshalb ist Migrant/innen die Vorstellung erst einmal fremd, Elternhaus und Schule müssten bei der Bildung und Erziehung der Kinder kooperieren. Sie bringen stattdessen oft die Vorstellung einer Arbeitsteilung mit, wonach die Familie für die Erziehung und die Schule für Lernen und Bildung zuständig ist.

Trotz alledem ist das Verhältnis von Migrant/innen zur Schule ihrer Kinder nicht generell schlechter als das der autochthon deutschen Eltern, wenn auch in mancher Hinsicht anders (Sacher, 2006; Sacher, 2007; Sacher, 2014a, S. 158f.; Autorengruppe Bildungsberichterstattung, 2012; Schwaiger & Neumann, 2010).

Im Großen und Ganzen halten sie ebenso Kontakt zur Schule und zu den Lehrkräften ihrer Kinder wie herkunftsdeutsche Eltern. (Einige Unterschiede, die sich zunächst zeigen, verschwinden, wenn man den Bildungsstand berücksichtigt.) Es ist Migrant/innen auch ebenso wichtig wie herkunftsdeutschen Eltern, von den Lehrkräften informiert zu werden, und bei ihnen sind Kontakte ebenfalls überwiegend problemveranlasst, d. h. sie werden hauptsächlich dann gesucht, wenn es irgendwelche Schwierigkeiten gibt.

Auch hinsichtlich ihrer Bereitschaft zur Kooperation mit Lehrkräften unterscheiden Migrant/innen sich nicht signifikant von herkunftsdeutschen Eltern. Das gilt sowohl für Kooperationen und Hilfeleistungen in der Schule als auch für zuhause praktizierte Kooperation, d. h. für die Überwachung der Hausaufgaben, das Bemühen um Anstrengungsbereitschaft und diszipliniertes Verhalten der Kinder im Unterricht, für die Absprache bei Erziehungsmaßnahmen oder bei der Vermittlung von wichtigen Werten. Wenn man die tatsächlich zustande kommende Kooperation betrachtet, schneiden Eltern mit Migrationshintergrund bei der zuhause praktizierten Kooperation sogar günstiger ab als herkunftsdeutsche Eltern.

Auch Lehrkräfte zeigen gegenüber Migrant/innen kein wesentlich anderes Kontaktverhalten als gegenüber herkunftsdeutschen Eltern. Allerdings sprechen sie mit Eltern mit Migrationshintergrund seltener über Bildungswege, obwohl deren unzureichende Kenntnis des Schulsystems in Deutschland intensivere Beratung erfordern würde. Andererseits erkundigen sich Lehrkräfte öfter nach den Freizeitinteressen und dem Medienkonsum der Schülerinnen und Schüler mit Migrationshintergrund, nach ihrem sozialen Umfeld und nach der häuslichen Erziehung, und sie informieren die Eltern öfter über die Leistungsanforderungen und über das Verhalten der Kinder im Unterricht. Auch die Kooperation mit Migrant/innen wird von den Lehrkräften nicht signifikant anders als jene mit herkunftsdeutschen Eltern beurteilt. Dabei verkennen sie allerdings, dass Eltern mit Migrationshintergrund zumindest zuhause stärker kooperieren.

In Elternvertretungen sind Migrant/innen stark unterrepräsentiert. 49 % der Schülerinnen und Schüler, aber nur 28 % der Elternvertreter/innen an den von Kröner (2009) befragten Nürnberger Schulen hatten einen Migrationshintergrund. Auch die Daten der bayerischen Repräsentativstudie ergaben, dass Migrant/innen nur halb so oft Elterngremien angehören, wie es ihnen aufgrund des Schüleranteils eigentlich zustünde.

Schon dies zeigt, dass es Tendenzen zur Ausgrenzung von Eltern mit Migrationshintergrund gibt. Das wird noch deutlicher, wenn man ihre emotionale Befindlichkeit im Umgang mit der Schule und den Lehrkräften ihrer Kinder und den Eltern der herkunftsdeutschen Mitschülerinnen und Mitschüler betrachtet: Eltern mit Migrationshintergrund fühlen sich stärker von der Schule alleine gelassen (Hawighorst, 2009). Sie leiden mehr darunter, dass die meisten Eltern sich nur für das Fortkommen ihres eigenen Kindes interessieren. Ihre Angebote, Klassenfahrten, Ausflüge oder Exkursionen zu begleiten oder bei Schulfesten zu helfen, werden seltener angenommen als entsprechende Angebote von Eltern ohne Migrationshintergrund. Und Eltern mit Migrationshintergrund fühlen sich gegenüber den Lehrkräften unsicherer und haben häufiger das Gefühl, als unbequeme Bittsteller wahrgenommen zu werden, wenn sie Anliegen vorbringen. Zumindest einige Migrantinnen und Migranten reagieren auf diese Ausgrenzung ihrerseits mit Misstrauen, bringen Lehrkräften weniger Achtung und Vertrauen entgegen und beschreiten schneller Beschwerdewege als herkunftsdeutsche Eltern.

Das Verhältnis von Flüchtlingen und Asylsuchenden zur Schule ihrer Kinder[33]

Die Beziehung von Flüchtlingen und Asylsuchenden zur Schule ihrer Kinder ist besonders belastet. Zwar streben sie meistens hohe Schulabschlüsse für ihre Kinder an, jedoch ohne über die Kenntnisse des Schulsystems in Deutschland zu verfügen, die nötig wären, um solche Aspirationen in die Tat umzusetzen. Zwar genießen die Schule und ihre Vertreter in vielen Herkunftsländern unhinterfragte Autorität. Aber manche Eltern haben auf der Flucht ein ausgeprägtes Misstrauen gegen staatliche Behörden und Einrichtungen entwickelt, zu denen sie auch Schulen rechnen. In den meisten Herkunftsländern ist ein liberaler Erziehungsstil, wie er in deutschen Schulen praktiziert wird, weniger verbreitet. Flüchtlinge und Asylsuchende erleben diese Art des Umgangs mit Kindern als zu nachlässig und das Verhalten der Schülerinnen und Schüler als undiszipliniert, ungehörig und respektlos. Auch der säkulare Charakter der Schule in Deutschland ist für Flüchtlinge und Asylsuchende ungewohnt: Manche Muslime sehen in der weltanschaulichen Neutralität der Schule bereits ein Untergraben ihrer Werteordnung und einen Angriff auf die kulturelle Identität ihrer Kinder (Humpage, 2009, S. 75; Ibrahim, 2012, S. 29) und fürchten, dass diese ihrer Herkunftskultur zunehmend entfremdet werden (Ibrahim, 2012, S. 159).

Kultursensible und interkulturelle Elternarbeit

Der Aufbau einer Erziehungs- und Bildungspartnerschaft zwischen der Schule und zugewanderten Eltern erfordert ein kultursensibles Eingehen auf ihre besondere Lebenssituation. Kultursensibilität ist »die Fähigkeit, sich in Wahrnehmung, Denken, Verhalten und Kommunikation auf Menschen aus anderen kulturellen Zusammenhängen einzustellen« (Sacher & Johannsen, 2019, S. 141). Kul-

33 Im Einzelnen vgl. Sacher & Johannsen, 2019, S. 139f.

tursensible Elternarbeit orientiert sich an fünf Grundsätzen (ebd. S. 141f.):

- Menschen aus anderen Kulturen sollte man nicht als typische Vertreter ihrer Bevölkerungsgruppe sehen, sondern als individuelle Persönlichkeiten. Unterschiede zwischen verschiedenen nationalen oder ethnischen Gruppen sind oft geringer als Unterschiede zwischen einzelnen Vertretern dieser Gruppen.
- Menschen aus anderen Kulturen haben nicht nur Schwächen und Probleme, sondern auch Stärken: häufig besondere Belastbarkeit, Mehrsprachigkeit, vielfältige kulturelle Erfahrungen, starken Zusammenhalt in den Familien und tiefe Religiosität. Ein nur auf ihre Hilfsbedürftigkeit fokussierter Zugang wird ihnen nicht gerecht.
- Es wäre zu kurz gegriffen, sie lediglich im System unserer Gesellschaft funktionsfähig zu machen, sondern es muss letztlich darum gehen, sie zu befähigen, ihr Leben in dieser Gesellschaft eigenverantwortlich zu gestalten (»Empowerment«).
- Auch Eltern aus anderen Kulturen kennen ihr Kind am besten, möchten es unterstützen und ihm ein gutes Leben ermöglichen.
- Auch Eltern aus anderen Kulturen können entscheidend zum Bildungserfolg ihrer Kinder beitragen – trotz mangelnder Beherrschung der deutschen Sprache und fehlender Kenntnis der Bildungs- und Ausbildungsgänge in Deutschland.

Unerlässliche Voraussetzung erfolgreicher Elternarbeit mit Zugewanderten ist, dass sie sich in der Schule ihrer Kinder *akzeptiert und willkommen* fühlen. Dazu können mehrsprachige Beschilderungen und Wegweiser auf den Gängen und an den Türen beitragen oder eine Weltkarte im Foyer der Schule, auf der die Herkunftsländer der Schülerinnen und Schüler markiert sind, über das Schuljahr verteilte soziale Events, vor allem Willkommensveranstaltungen am ersten Schultag mit fremdsprachigen Willkommensvideos, »Welcome Booklets« und Informationsbroschüren in verschiedenen Sprachen.

Vor allem bei zugewanderten Eltern dürfen Lehrkräfte nicht abwarten, bis diese Kontaktmöglichkeiten wahrnehmen. Stattdessen müssen sie *aufsuchende Elternarbeit* praktizieren, d. h. auf diese Eltern zugehen durch persönliche Ansprache, Anrufe, individuelle Briefe, Emails oder SMS, Angebot von Sprechstunden im Stadtteil oder in der Unterkunft der Eltern. Trotz des hohen Aufwandes lohnen oft auch Hausbesuche. Die Kontaktaufnahme sollte keinesfalls nur aus Anlass von Problemen erfolgen, sondern ebenso aus erfreulichen und ganz alltäglichen Anlässen, am besten in der Form regelmäßiger Arbeitsbesprechungen (»Entwicklungsgespräche«) und möglichst unter Einbeziehung der Kinder.

Die Kinder sind vielfach sogar die Schlüsselfiguren, wenn es darum geht, Kontakt mit ihren Eltern aufzunehmen und Informationen zu überbringen. Als Dolmetscher sollte man sie aber nur im Notfall einsetzen. Nicht selten übersetzen sie ungenau und missverständlich und teilweise verfolgen sie dabei auch eigene Interessen.

Nach Möglichkeit sollte man *Bezugspersonen für Eltern* mit Migrationshintergrund finden, am besten Eltern aus derselben Herkunftskultur. Aber z. B. auch Schulsozialarbeiterinnen, Elternmentorinnen, Elternlotsinnen, Bildungspatinnen oder Stadtteilmütter und -väter können die Rolle solcher Bezugspersonen übernehmen, die Eltern bei Veranstaltungen in der Schule begleiten und betreuen, und die auch ihre Abwesenheit bemerken und bedauern, wenn sie den Kontakt zur Schule vernachlässigen (Sacher & Johannsen, 2019, S. 148).

Elternarbeit mit Menschen aus anderen Kulturen muss oft *familienzentrierte Arbeit* sein. D. h. außer den Sorge- und Erziehungsberechtigten sind weitere Partner in die Kooperation zwischen der Schule und den Familien einzubinden – Großeltern, ältere Geschwister, weitere Familienmitglieder, Nachbarn und Freunde.

Bereits an früherer Stelle (▶ Kap. 3.5) wurde ausgeführt, dass der Bildungserfolg von Kindern und Jugendlichen auch davon abhängt, ob ein erwachsener *»Betreuer«* ihre Interessen wahrnimmt. Insbesondere neu Zugewanderte, aber auch manche andere Migrant/innen sind dazu nicht ohne weiteres in der Lage. In solchen Fällen sollten andere Personen für die Betreuung gewonnen werden – Lehrkräfte, Elternvertreterinnen und -vertreter, andere Eltern, Sozialarbeiterinnen und Sozialarbeiter oder Integrationslotsinnen und -lotsen.

Schließlich wird Elternarbeit mit Migrant/innen, Flüchtlingen und Asylsuchenden häufig *Netzwerkarbeit* sein müssen: In ihren oftmals schwierigen Lebenslagen sind sie meist nur zu einem Engagement für die Schule und Bildung ihrer Kinder zu bewegen, wenn man nicht nur auf die Schulangelegenheiten ihrer Kinder eingeht, sondern auch auf ihre Gesamtsituation und wenn man gemeinsam mit dafür zuständigen und kompetenten Partnern Hilfen für deren Besserung organisiert.

Netzwerkarbeit ist die Kooperation mit Eltern aus anderen Kulturen oft auch insofern, als dass man diese Eltern in Netzwerke von Elternbetreuer/innen, Aktiveltern, Bildungslots/innen, Elternmentor/innen und Stadtteilmüttern, in Nachbarschafts- und Stadtteilgruppen etc. einbindet und auf diese Weise Peer-to-peer-Kontakte unter Eltern fördert.

Aber bei allen Bemühungen, auf die besonderen Bedürfnisse dieser Klientel einzugehen, sollte Elternarbeit letztendlich immer auch *interkulturell* ausgerichtet sein. D. h. neben Angeboten und Maßnahmen, die speziell an Eltern aus anderen Kulturen adressiert sind, muss es immer auch Bemühungen geben, die Elternschaft der Schule über alle nationalen, ethnischen und kulturellen Unterschiede hinweg zusammenzuführen und zu einer Solidargemeinschaft zu entwickeln. Interkulturelle Schulcafés, informelle »Samstags-« oder »Sonntagstreffs«, Familiennachmittage und gemeinsame Ausflüge und Exkursionen ermöglichen das gegenseitige Kennenlernen und die Auseinandersetzung mit der Situation zugewanderter Menschen in Deutschland.

4.8 Eltern mit Ängsten und Sorgen

Johann Friedrich Herbart, der als Begründer der wissenschaftlichen Pädagogik gilt, setzte bereits 1806 in seiner »Allgemeinen Pädagogik« einem zeitgenössischen Trend zu übermäßiger Beaufsichtigung und Kontrolle der Kinder das Motto entgegen, »dass Knaben und Jünglinge gewagt werden müssen, um Männer zu werden« (Herbart, 1806, S. 51). Von Kindern, die unter übermäßiger Aufsicht heranwachsen, dürfe man im Erwachsenenalter »keine Gewandtheit, keine Erfindungskraft, kein muthiges Wesen, kein zuversichtliches Auftreten« erwarten, sondern »man erwarte Menschen, denen immer nur einerley Temperatur eigen, einerley gleichgültiges Wechseln vorgeschriebener Geschäfte recht und lieb ist, die sich allem entziehen, das hoch und selten, allem hingeben, was gemein und bequem ist« (Herbart, 1806, S. 53).

Aber so alt die Einsicht in die Schädlichkeit von Überbehütung, übermäßiger Aufsicht und rigider Kontrolle auch sein mag, so verständlich sind auch Ängste und Sorgen von Eltern um ihre Kinder. Eltern haben nachgerade – wie es eine Lehrerin in einem Interview ausdrückte – »ein grundsätzliches biologisches Recht [sozusagen ein Naturrecht; die Verfasser] ..., hysterisch zu sein und sich Sorgen zu machen um ihre Kinder« (Zehnter 2015, S. 48).

Zunächst ist diesen Eltern Verständnis und Anerkennung dafür zu signalisieren, dass sie auf besondere Weise ihr Kind behüten, kontrollieren und fördern und sich z. B. Sorgen um ihren Schulerfolg machen. Das Problem sind ja nicht diese Haltungen an sich, sondern ihre Übertreibung. Diese kann man abzubauen versuchen, indem man den Eltern in persönlichen Gesprächen und in besonderen Veranstaltungen der Elternbildung ihre Sorgen und Ängste nimmt

- durch den glaubwürdigen Nachweis, dass in der Schule bereits alles Wichtige und Mögliche für die Förderung der Kinder getan wird,

- durch die überzeugende Versicherung, dass auch die Lehrkräfte ausreichend Maßnahmen ergreifen, um schädliche Einflüsse von den Kindern fernzuhalten, und dass sie die Eltern sofort informieren, wenn Handlungsbedarf besteht,
- durch Vermittlung der Einsicht, dass optimale Frühförderung sowohl vielfältige Anregungen als auch nicht verplante Freiräume, in welchen Kinder eigene Erfahrungen machen und kreativ werden können, enthalten muss,
- durch Anbahnen der Erkenntnis, dass auch Misserfolge für eine gesunde Entwicklung wichtig sind – sofern sie richtig verarbeitet und begleitet werden,
- durch Information über zweite und dritte Bildungswege, die eine Korrektur falscher Entscheidungen über Bildungswege und das Nachholen von Abschlüssen ermöglichen.

4.9 Zusammenarbeit mit Vätern und Müttern mit unterschiedlichen Rollenvorstellungen

Unterschiedliche Vater- und Mutterrollen

Infolge der Pluralisierung und Individualisierung unserer Gesellschaft hat sich auch das Verständnis der Vater- und Mutterrolle vervielfältigt. Forschungen der Konrad-Adenauer-Stiftung ergaben, dass wir heute mindestens sieben Typen von Mutterrollen unterscheiden müssen (Merkle & Wippermann, 2008, S. 37-44):

- die *»Erziehungsmanagerin«,* die bemüht ist, ihr Kind »frühzeitig ›auszurüsten‹ und zu fördern, ›Fehlentwicklungen‹ vorzubeugen bzw. rechtzeitig zu intervenieren und dem Kind so optimale Startchancen zu gewähren, dass es für den Wettbewerb ›fit‹ ist« (ebd., S.38),
- die *»Lebensabschnittsbegleiterin«,* die ihr Kind in den ersten Etappen seines Lebens begleitet, die bemüht ist, seine Persönlichkeit

zu entwickeln und zu entfalten, ohne es in eine bestimmte Richtung zu drängen, so dass es schließlich ins Leben entlassen werden kann, seinen Platz in der Gesellschaft findet und ganzheitlich glücklich wird,

- die *»Profi-Mama«,* die ihr Muttersein professionell organisiert, ihrem Kind den optimalen erzieherischen Support angedeihen lässt und das optimale Betreuungs- und Bildungsangebot für es auswählt, dabei selbstbewusst ihren intuitiven Erziehungsvorstellungen vertraut, sich bei konkreten Problemen aber auch zielstrebig professionellen Rat holt,
- die *»Universal-Coach-» und »General-Mama«,* die zuständig ist für alle Lebenssphären ihres Kindes, auch Aktivitäten im Bereich Sport, Musik, Malen, Fremdsprache, Frühförderung, in Lerngruppen und in der Nachhilfe für es organisiert und dafür viel eigene Freizeit und finanzielle Mittel investiert,
- die *»Versorgungs- und Kuschel-Mutti«,* die ihr Kind für sich vereinnahmt, sich umfassend zuständig fühlt sowohl für die praktische Organisation, Pflege und Umsorgung ihres Kindes als auch für das Spenden von emotionaler Wärme, die es mit materiellen Geschenken, Süßigkeiten und Lieblingsspeisen überhäuft, die aber immer wieder auch überfordert und gestresst ist, sich dann zurückzieht und abweisend verhält,
- die Mutter, die sich als *»Freundin und große Schwester«* sieht, die viel Verständnis für ihr Kind hat und es möglichst wenig durch bürgerliche Erziehungsregeln einengen will, die dabei zugleich dem Verlust ihrer eigenen Freiheiten und ihres eigenen ungebundenen Lebens durch die Mutterschaft nachtrauert, sich häufig überfordert und allein gelassen fühlt, zumal sie oft auch alleinerziehend ist,
- die *»Reisebegleiterin«,* welche ihre Mutterschaft als Chance sieht, das Leben mit dem Kind zusammen gewissermaßen neu zu entdecken, indem es sich mit dessen naivem und natürlichem Blick noch einmal auf Entdeckungsreise begibt, die deshalb stets bestrebt ist, die Perspektive des Kindes ernst- und anzunehmen,

und die ungebrochenes Vertrauen in die eigene erzieherische Intuition hat.

Korrespondierend können laut dieser Studie auch sieben Vaterrollen unterschieden werden (Merkle & Wippermann, 2008, S. 45-49):

- die »*Familienvorstände*«, die der Partnerin die Alltagsarbeit der Erziehung überlassen, jedoch die letzte Autorität bei zentralen Entscheidungen beanspruchen, dabei aber Verständnis und zumindest sanfte Strenge zu kombinieren versuchen,
- die »*gleichgestellten Erzieher*«, welche die klassische Rollenverteilung zwischen den Geschlechtern und somit auch zwischen Vater und Mutter ablehnen und versuchen, diese Einstellung auch ihren Kindern zu vermitteln, indem sie sowohl männliche als auch weibliche Eigenschaften repräsentieren, also streng und verständnisvoll, hart und weich sind und dies auch von ihrer Partnerin erwarten,
- die »*Part-Time-Event-Papas*«, die eine Balance zwischen ihrem beruflichen Engagement und ihren Vater-Aufgaben herzustellen versuchen, d. h. sich hauptsächlich an den Wochenenden mit ihren Kindern beschäftigen und mit ihnen besonderen Freizeitaktivitäten nachgehen, an Arbeitstagen aber zumindest für sie erreichbar zu sein versuchen und sich bemühen, den Kontakt zu ihnen zu halten,
- die »*liebe- und verständnisvollen Feierabend-Papas*«, welche die Organisation und auch die Erziehungskonflikte des Alltags der Partnerin überlassen, sich nach Arbeitsschluss aber durchaus um schulische Angelegenheiten ihrer Kinder kümmern, auch mit ihnen spielen und sich an ihren Hobbys beteiligen, verstärkt natürlich an Wochenenden,
- die »*Chefs*«, welche die traditionelle Rollenverteilung zwischen Vater und Mutter praktizieren und sich einerseits weitgehend aus der Erziehung ihrer Kinder heraushalten und ihre Verantwortung an die Partnerin oder andere Instanzen delegieren, andererseits aber gelegentlich entschlossen Autorität demonstrie-

ren, die ausgeprägte Leistungserwartungen an ihre Kinder herantragen und sie eher streng behandeln,

- die »*großen Brüder*«, welche vor allem Spaß mit ihren Kindern haben wollen, mit ihnen spielen und selbst wieder zum Kinde werden, die aber auch, wenn es ihnen zu viel wird, ihre eigenen Wege gehen,
- *die »Entdecker der Kinderwelt«:* Sie wollen die unkonventionelle und noch nicht durchformte Gedankenwelt ihrer Kinder sich frei entwickeln lassen, geben ihnen zwar Anstöße und ermutigen sie zum Fragen und Experimentieren, halten aber Einengungen durch Moralvorstellungen und feste Regeln von ihnen fern.

Aus dem Rollenverständnis mancher der von Merkle und Wippermann identifizierten Typen können sich Schwierigkeiten ergeben, weil solche Mütter und Väter entweder dazu neigen, ihre Kinder in übertriebenem Maße fördern zu wollen und sich zu sehr unmittelbar in die schulische Lernarbeit ihrer Kinder einzumischen, oder weil sie ihren Kindern zu wenig Strukturen bieten und ihnen zu wenig Erwartungen entgegenbringen. All dies kann zu Störungen der schulischen Bildungs- und Erziehungsarbeit und zu Problemen in der Kooperation mit der Schule führen, denen man z. B. durch punktuelle Elternberatung oder durch Elternbildungsmaßnahmen begegnet (▶ Kap. 3.2).

Unterschiedliches Engagement von Vätern und Müttern

Von den genannten Väter- und Mütterrollen abgesehen, nehmen Väter und Mütter oft ganz unterschiedliche Haltungen zur Erziehungs- und Bildungspartnerschaft zwischen Schule und Elternhaus ein und zeigen häufig auch unterschiedliches Engagement in schulischen Belangen. Dieses Engagement kann zudem je nach Geschlecht des Kindes variieren. So zeigte z. B. die bayerische Repräsentativstudie des Jahres 2004 an 574 Schulen, dass Eltern von Söhnen signifikant häufiger Sprechstunden, Elternabende und Elternsprechtage besuchen als Eltern von Töchtern. Sie schreiben des Weiteren häufiger Briefe an Lehrkräfte und rufen sie häufiger an. Dass Jungen öfter Leistungsdefizite haben als Mädchen, ist anscheinend nicht die Ursache dafür, denn auch wenn man das Gesamtleistungsniveau der Kinder und die Zufriedenheit der Eltern mit ihren Leistungen berücksichtigt, bleiben diese Unterschiede bestehen. Vielleicht aber spielen häufigere Disziplinprobleme und Verhaltensauffälligkeiten der Jungen eine Rolle dabei (Sacher, 2005, S. 51, S. 53ff. u. S. 58). Nicht ganz von der Hand zu weisen ist auch die Vermutung, die Schulbildung von Söhnen könnte vielen Eltern immer noch wichtiger sein als jene von Töchtern. Diese Vermutung wird erhärtet durch Ergebnisse der Begleituntersuchung zum bayerischen Modellprojekt »Vertrauen in Partnerschaft II« (VIP-Status, 2008) der Jahre 2006 und 2007 an elf Schulen, welche in zwei Befragungswellen nahezu 2000 Eltern erfasste: Danach stellten beide Elternteile, besonders aber die Väter, höhere Leistungsanforderungen an Söhne als an Töchter – und dies auch bei gleichem Leistungsniveau der Kinder[34].

Elternarbeit wird zudem in vielen Familien weiterhin vorwiegend als Frauen-Angelegenheit betrachtet. Auch dies zeigte die erwähnte Begleituntersuchung in aller Deutlichkeit[35]:

- 3,3 % der Mütter, aber 7,6 % der Väter waren »schwererreichbar«, d. h. sie besuchten weder Elternabende, noch Elternsprechtage, noch Elternsprechstunden.
- Das Kontaktverhalten der Elternteile unterschied sich noch einmal auf interessante Weise danach, ob ihre Kinder Söhne oder Töchter waren: 2,5 % der Mütter von Söhnen, 4,4 % der Mütter von Töchtern, 7,3 % der Väter von Söhnen und 9,2 % der Väter von Töchtern waren »schwererreichbar«.
- 54,6 % der Mütter, aber nur 43,6 % der Väter halfen bei Schulfesten.

34 Gesonderte Auswertung der Daten für diese Publikation.

35 Gesonderte Auswertung der Daten für diese Publikation.

- Mütter waren zu 81,2 %, Väter nur zu 75,2 % zur Überwachung der Hausaufgaben bereit.
- 11,6 % der Mütter, aber 23,2 % der Väter stimmten mehr oder weniger zu, dass Eltern sich aus schulischen Angelegenheiten heraushalten sollten.

Dass viele Väter die Pflege der Beziehung zur Schule den Müttern überlassen, ist sehr kontraproduktiv: Studien[36] belegen, dass sich das Engagement von Vätern positiv auf die Leistungen und die Entwicklung ihrer Kinder auswirkt und einen Beitrag leistet, der über das hinausgeht, was durch das Engagement der Mütter erreicht werden kann. Anscheinend können vor allem Effekte ungünstiger familiärer Bedingungen durch das Engagement der Väter wenigstens teilweise abgemildert werden. Söhne profitieren besonders vom Engagement ihrer Väter: Ihre Anstrengungsbereitschaft wird dadurch stark verbessert, und ihr Lernerfolg und ihre Entwicklung werden durch das Engagement der Väter sogar stärker beeinflusst als durch das Engagement ihrer Mütter.

Einbeziehung der Väter

Folgende Maßnahmen sind geeignet, Väter stärker in die Schulbildung ihrer Kinder einzubeziehen:[37]

- Schule und Lehrkräfte sollten sich immer ausdrücklich auch an die Väter und männlichen Erziehungsberechtigten wenden, also in Schreiben die Anrede »Liebe Mütter und Väter« benutzen, und stets beide Eltern ermutigen, sich in der Schule einzubringen und ihre Kinder zu unterstützen.

---

36 Allen & Daly, 2007, S. 1ff.; McBride, Schoppe-Sullivan & Ho, 2005; Jeynes, 2011, S. 107.

37 Boldt, Herschelmann & Grote, 2006; Callison, 2004, S. 25ff.; Educational Government, 1996; Textor, 2005, S. 93ff.

- Mit Rücksicht auf die meist in Vollzeit arbeitenden Väter sollten Termine mindestens teilweise auf die Abende oder Wochenenden gelegt werden. Angesichts zunehmender Vollzeitarbeit beider Eltern empfiehlt sich das ohnehin. Auch berufstätigen Alleinerziehenden wäre damit geholfen.
- Elterngespräche oder Eltern-Lehrer-Kind-Gespräche sollten möglichst mit beiden Elternteilen geführt werden.
- Zu manchen Elternabenden und Workshops sollte man Väter ausdrücklich einladen.
- Evtl. kann man besondere Veranstaltungen für Väter durchführen (z. B. thematische Elternabende), z. B. über die Rolle des Vaters bei der Erziehung, über seine Bedeutung für die Entwicklung der Kinder oder über gewaltfreie Konfliktlösungen. Auch die Thematisierung besonderer Probleme der Jungen kann Väter ansprechen. Dabei sollte man negative Formulierungen vermeiden und stattdessen positive Themen suchen, also nicht »Leistungsverweigerung von Jungen« oder »Verhaltensschwierigkeiten von Jungen«, sondern »Wie Jungen Freude an der Leistung finden« und »Die Schwierigkeit, immer ein starker Mann sein zu müssen«.
- Mit manchen Hilfsersuchen der Schule (z. B. bei technischen und handwerklichen Arbeiten) kann man sich ausdrücklich an Väter wenden.
- Manchmal ist es möglich, informelle Männergruppen einzurichten – Skatrunden, Fußballgruppen oder sonstige sportliche Aktivitäten, Computerbastler, Musikgruppen usw. Besonders günstig wäre es, wenn solche Gruppen von Vätern organisiert und geleitet würden.
- Auch gemeinsame Veranstaltungen für die Väter und ihre Kinder haben sich bewährt – sportliche Veranstaltungen (evtl. auch Wettbewerbe von Vater-Kind-Teams), gemeinsame Wanderungen, Bastelabende usw.

Das Schwergewicht von »Väterarbeit« sollte aber darauf liegen, das heimbasierte Engagement von Vätern anzuregen und zu unterstützen, schon allein, weil dieses mit einer vollzeitlichen Berufstätigkeit leichter zu vereinbaren ist. Einschlägige Forschungen (Schoppe-Sullivan, McBride & Ho, 2004) zeigten, dass besonders folgende Aspekte wichtig sind:

- das Vorleben von Verantwortungsbewusstsein durch den Vater,
- Liebe und körperliche Zuwendung des Vaters,
- Übernahme von Pflichten und Aktivitäten im Haushalt durch den Vater,
- kognitive Anregung und Unterstützung des Vaters, z. B. durch Gespräche mit den Söhnen und Töchtern.

Engagement für Mädchen stärken

Auch die häufig beobachtete Neigung sowohl von Müttern als auch von Vätern, sich mehr für die Schulbildung ihrer Söhne zu interessieren und zu engagieren als für die ihrer Töchter, erfordert besondere Interventionen bei der Gestaltung der Erziehungs- und Bildungspartnerschaft.

Zwar erzielen Mädchen im Durchschnitt bessere Schulleistungen als Jungen. Entgegen diesem Trend sollte man aber auch unter den Mädchen auf »underachiever« achten, d. h. auf Schülerinnen, die leistungsmäßig unter ihre Möglichkeiten bleiben. Besonders in prekären familiären Milieus ist mit ihnen zu rechnen.

Im Allgemeinen wird die Vernachlässigung von Mädchen nicht von Eltern thematisiert. Meist ist es an den Lehrkräften, die Eltern anzusprechen, wenn sie den Eindruck haben, dass Bildungschancen für ein Mädchen nicht genutzt werden. Begleitend können besondere Informationsveranstaltungen über die Bedeutung einer anspruchsvollen Ausbildung für Mädchen und über entsprechende Ausbildungs- und Studienmöglichkeiten hilfreich sein, vor allem dann, wenn die direkte Ansprache als Einmischung in Familienangelegenheiten empfunden wird. Nach Möglichkeit sollte man solche Veranstaltungen schon weit im Vorfeld der eigentlichen Berufsorientierung durchführen, damit nötige Entscheidungen über den

Bildungsweg rechtzeitig getroffen und evtl. erforderliche Fördermaßnahmen früh genug ergriffen werden können.

Es ist sehr wichtig, dass auch die Väter der Mädchen solche Veranstaltungen besuchen und generell in die Erziehungs- und Bildungspartnerschaft einbezogen werden (vgl. den vorangehenden Abschnitt zur Einbeziehung von Vätern), denn es sind oft die Väter, die überholte Geschlechterstereotype tradieren.

4.10 Zusammenarbeit bei pädagogischem Dissens zwischen Schule und Elternhaus

Zur Entstehung schwieriger Situationen in der Zusammenarbeit mit Eltern kann es auch aufgrund ihres Erziehungsverhaltens oder ihrer Erziehungsziele kommen. Im doch zeitlich recht eingeschränkten Kontakt mit den Eltern lässt sich kaum jemals der Erziehungsstil als Gesamtes beobachten und einschätzen, und es sind auch nicht alle Facetten des Erziehungsverhaltens der Eltern für den schulischen Kontext relevant. Allerdings können sich ungünstige Erziehungsstile in einer Reihe von Situationen oder Konstellationen auswirken, die entweder für das schulische Fortkommen (und häufig auch die Entfaltung und Persönlichkeitsentwicklung) der Kinder und Jugendlichen wenig förderlich sind oder die Zusammenarbeit mit den Eltern erschweren.

Vielen Lehrkräften sind vermutlich einige oder mehrere der folgenden Verhaltensweisen bekannt:

- Manche Eltern haben das Bestreben, ihre Kinder zu striktem Gehorsam und zur Anerkennung vorgegebener Normen und Werte zu erziehen. Sie kontrollieren sie stark und bestrafen sie bei Verstößen oft hart.
- Manche Eltern versuchen aus Sorge um die unbeschädigte Entwicklung ihrer Kinder, jede Herausforderung, jeden Misserfolg

und jede Enttäuschung von ihren Kindern fernzuhalten. Häufig sind sie zudem in beständiger Angst, »nicht genug für das Kind zu tun, ein Kind seelisch zu verletzen oder als Rabeneltern dazustehen« (Kraus, 2013, S. 138).

- Gelegentlich übernehmen Eltern in der Intention, maximal zu einer erfolgreichen Bildungskarriere ihrer Kinder beizutragen, zu Hause die Rolle von Lerncoaches oder Hilfslehrern oder betrauen andere Personen damit. In den meisten Fällen ist dies wenig wirkungsvoll, manchmal sogar kontraproduktiv. Wie ein förderliches heimbasiertes Engagement bzw. eine angemessene Lern- und Hausaufgabenunterstützung aussehen kann, wird in den ▶ Kap. 2.4.3 und 4.3 erläutert.
- Wiederum andere Eltern sind derart auf den Bildungserfolg ihrer Kinder fixiert, dass sie ihre Kinder im Glauben an deren Hochbegabung oder aus Angst vor sozialem Abstieg mit überzogenen Ansprüchen und einem Übermaß an zusätzlicher Förderung konfrontieren.
- Einige Eltern halten ihr Kind für absolut einmalig und nicht selten auch hochbegabt. Sie sehen keinerlei Schwächen an ihm und reagieren auf Kritik oft besonders empfindlich.
- Manche Eltern haben die Intention, sich mittels ihres Kindes eigene unerfüllte Lebensträume zu verwirklichen.

Wie oben bereits angedeutet, kann die Ursache für derartige Situationen ein einseitiger oder ungünstiger Erziehungsstil sein.

Typologie von Erziehungsstilen

Seit den 1960er und 1970er Jahren kann in westlichen Industriegesellschaften ein allgemeiner Wertewandel konstatiert werden, der seinen Niederschlag auch in einer Veränderung der Erziehungsvorstellungen findet (Berger, 2016; Schubarth, Gruhne & Zylla, 2017).

> »Erziehung kann als der Versuch der Beeinflussung (Intervention) verstanden werden, durch den eine Verbesserung und Vervollkommnung der

Persönlichkeit des Erzogenen erreicht werden soll. Erziehungsziele entsprechen den wünschens- und erstrebenswerten Verhaltensweisen, Fähigkeiten, Einstellungen und Persönlichkeitseigenschaften, die für ein Kind als wertvoll angesehen werden. Die meisten Eltern halten Ehrlichkeit, Selbstständigkeit und Selbstvertrauen, Verantwortungsbewusstsein, Hilfsbereitschaft und Leistungsfähigkeit für besonders wichtig. Über die letzten fünfzig Jahre hinweg hat dabei das Ziel von Selbstständigkeit und Selbstvertrauen deutlich an Gewicht gewonnen, während die früher hoch bewerteten Vorstellungen von Ordnung und Unterordnung (Konformität) heute von den meisten Eltern weniger gewichtet werden« (Hurrelmann, 2006, S. 156 f.).

Der Bildungs- und Sozialwissenschaftler Klaus Hurrelmann schlägt eine Einteilung von unterschiedlichen Erziehungsstilen entlang der zwei Achsen *Einsatz elterlicher Autorität* und *Berücksichtigung kindlicher Bedürfnisse* vor und kommt so zu einer Beschreibung von fünf idealtypischen Ausprägungen (► Abb. 3). Als Erziehungsstile werden dabei beobachtbare sowie verhältnismäßig stabile Praktiken von Eltern im Umgang mit ihren Kindern verstanden. In das Erziehungsverhalten gehen sowohl das Wissen der Eltern über Erziehung und die Entwicklung von Kindern ein als auch – und das oft unbewusst – die Erfahrungen, die die Eltern in ihrer Kindheit selbst gemacht haben (Hurrelmann, 2006, S. 157 ff.).

- *Autoritärer Erziehungsstil*: Der autoritäre oder autokratische Erziehungsstil zeichnet sich dadurch aus, dass Eltern gezielt in die Persönlichkeitsentwicklung der Kinder eingreifen mit dem Ziel, ihnen klare Orientierung und Wertvorstellungen (etwa: Disziplin, Ordnung, Fleiß usw.) zu vermitteln. Elterliche Machtausübung gegenüber den Kindern wird für unvermeidlich und sinnvoll gehalten. Ein solcher Erziehungsstil setzt sich oft über die Bedürfnisse von Kindern hinweg und kann eine Reihe ungünstiger Folgen bei ihnen nach sich ziehen: aggressives und gewalttätiges Verhalten, Trotz, Rebellion, Vermeidung des Kontaktes zu den Eltern, jugendliches Risikoverhalten wie Schulverweigerung oder Konsum von Suchtmitteln, aber auch Überangepasstheit und unterwürfiges Verhalten. Selbstständigkeit und soziale Verantwortung wie auch Leistungsbereitschaft werden mit einem autoritären Erziehungsstil weniger gut gefördert.

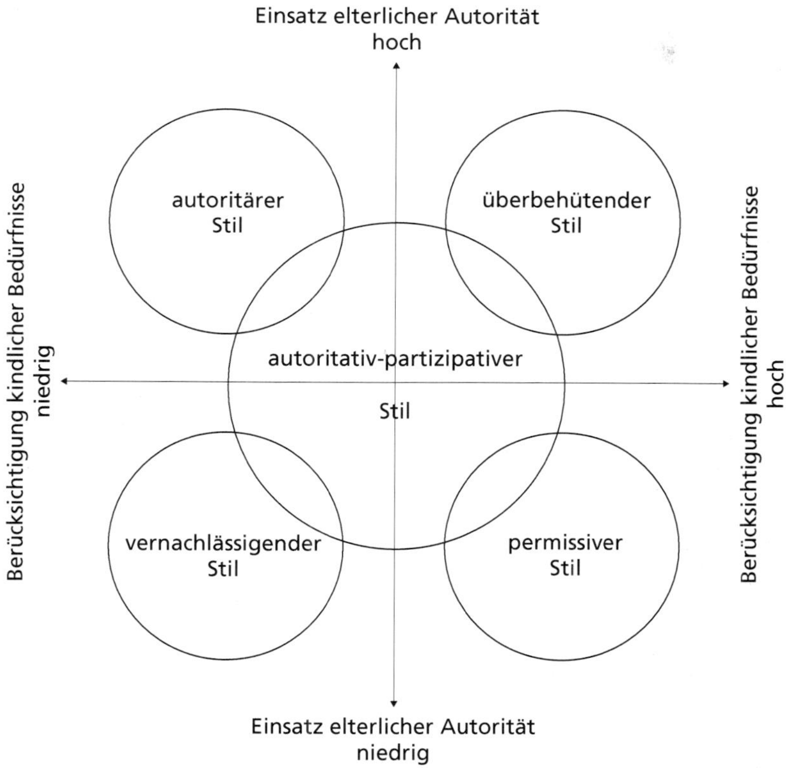

Abb. 3: Typisierung von Erziehungsstilen (aus: Hurrelmann, 2006, S. 161)

- *Permissiver Erziehungsstil:* Der Permissive Erziehungsstil, der manchmal auch als *»Laissez-faire«-Erziehung* bezeichnet wird, zeichnet sich dadurch aus, dass Eltern auf Eingriffe in die Persönlichkeitsentwicklung der Kinder weitgehend verzichten, um der Gefahr, autoritär oder dirigistisch zu handeln, zu entgehen – der Einsatz elterlicher Autorität ist also gering, die Berücksichtigung der kindlichen Bedürfnisse hoch. Dies birgt den Nachteil, dass im familiären Zusammenleben oft keine klaren Verhaltensregeln existieren, was bei den Kindern zu Orientierungslosigkeit führen kann und von ihnen häufig als Lieblosigkeit sowie mangelnde Zuwendung und Aufmerksamkeit empfunden wird. Auch ein permissiver Erziehungsstil kann bei den Kindern aggressives Verhalten auslösen, aber ebenso Ichbezogenheit anstelle von sozialer Verantwortung und Opportunismus statt Leistungsbereitschaft.

- *Überbehütender Erziehungsstil*: Der überbehütende Erziehungsstil ist durch einen hohen Einsatz an elterlicher Autorität und eine hohe Berücksichtigung der kindlichen Bedürfnisse gekennzeichnet. Ähnlich wie beim autoritären Erziehungsstil sind auch in diesem Fall die freie Entfaltung der Persönlichkeit und die selbstständige Entwicklung der Kinder gehemmt.
- *Vernachlässigender Erziehungsstil*: Bei einem vernachlässigenden Erziehungsstil ist ein geringer Einsatz elterlicher Autorität mit einer geringen Berücksichtigung der Bedürfnisse der Kinder kombiniert. Es zeigen sich ähnliche problematische Folgen wie beim bereits beschriebenen permissiven Erziehungsstil, die dadurch verschärft werden, dass sich die Kinder alleingelassen und zudem von ihren elterlichen Bezugspersonen missachtet fühlen.

Aus sozialisationstheoretischer und entwicklungspsychologischer Sicht sind diese vier, gewissermaßen extrem positionierten Erziehungsstile nicht wünschenswert. Empfohlen wird der im Folgenden beschriebene autoritativ-partizipative Erziehungsstil, der sich laut vielen empirischen Studien nachweislich förderlich auf die Persönlichkeitsentwicklung der Kinder auswirkt (vgl. Baumrind, 1971, 1991; Fuhrer, 2007; Steinberg, 2001).

Autoritativ-partizipativer Erziehungsstil

Der autoritativ-partizipative Erziehungsstil (im Folgenden: *partizipativer Stil*) zeichnet sich durch ein ausgewogenes Verhältnis von elterlicher Autorität und Berücksichtigung der kindlichen Bedürfnisse aus.

> »Der partizipative Erziehungsstil betont die partnerschaftliche und kooperative Komponente des Erziehungsprozesses. Im Unterschied zum permissiven Erziehungsstil sollen nicht die Kinder die Erziehung bestimmen, im Unterschied zum autoritären Stil nicht die Erwachsenen die Beziehung dominieren, beide sollen sich vielmehr offen abstimmen und austauschen und auf ihre gegenseitigen Bedürfnisse eingehen. Der partizipative Stil trägt der Erkenntnis Rechnung, dass Erziehung ohne eine gute Beziehung nicht möglich ist« (Hurrelmann, 2006, S. 162 f.).

Mittlerweile ist durch eine Reihe von Studien belegt, dass dieser Erziehungsstil am besten zur Förderung der Selbstständigkeit der Kinder sowie zur Stärkung der sozialen Verantwortlichkeit und Leistungsfähigkeit geeignet ist (s. o.).

Zu ihren Erziehungseinstellungen befragt, gibt auch der Großteil der Eltern an, einen partizipativen Erziehungsstil zu befürworten, allerdings fällt vielen die Umsetzung schwer. Dies hat damit zu tun, dass es sich um eine anspruchsvolle Beziehungsform handelt und dass es nach wie vor an Vorbildern mangelt. Hurrelmann kommt zur Einschätzung, dass es lediglich etwa einem Fünftel der Eltern gelinge, nach den Grundsätzen des partizipativen Erziehungsstils zu handeln. Gegen ihren Willen und oft aus Unkenntnis oder Unsicherheit neige ein größerer Teil der Eltern zu einem permissiven Stil, ein kleinerer Teil zu einem autoritären Stil und ein geringer Teil zu einem überbehütenden oder vernachlässigenden Erziehungsstil (Hurrelmann, 2006, S. 163 f.).

Die Bedeutung des partizipativen Erziehungsstils im Kontext Schule

Nicht nur für die Persönlichkeitsentwicklung, das Wohlbefinden und die Entfaltungsmöglichkeiten von Kindern und Jugendlichen ist ein partizipativer Erziehungsstil von Bedeutung, sondern auch in Bezug auf die Schulleistungen. In Studien konnte nachgewiesen werden, dass im Schnitt die Schulleistungen der Kinder besser waren, wenn die Eltern ein höheres schulisches Engagement an den Tag legten. Allerdings zeigte sich dieser Zusammenhang nur bei Kindern und Jugendlichen, deren Eltern einen partizipativen Erziehungsstil praktizierten – und hier in besonders starkem Ausmaß. In Kombination mit einem autoritären, einem permissiven, einem überbehütenden oder einem vernachlässigenden Erziehungsstil ergaben sich keine derartigen positiven Auswirkungen auf die Schulleistungen (Schneewind, 2012, S. 125).

Darüber hinaus ist es für Kinder und Jugendliche auch förderlich, wenn die Haltung und die Praktiken der Lehrkräfte den Schülerinnen und Schülern gegenüber den Grundsätzen des partizipativen Erziehungsstils entsprechen (Fend & Berger, 2016).

> »Auch das Handeln von Lehrerinnen und Lehrern sollte durch die ausgewogene Kombination von Anerkennung, Anregung und Anleitung gekennzeichnet sein [...]. Autoritäre, permissive, vernachlässigende oder verwöhnende Erziehungsstile sind auch in den organisierten Bildungseinrichtungen nicht erfolgreich« (Hurrelmann, 2006, 208).

Verkürzte Zielorientierungen der Eltern

Manche herausfordernden oder schwierigen Situationen können aufgrund eines ungünstigen Verständnisses der Eltern betreffend Erziehungs- und Bildungszielen entstehen. Dies wird hier als verkürzte Zielorientierung bezeichnet. Im schulischen Kontext können v. a. die folgenden zwei Varianten die Zusammenarbeit mit den Eltern erschweren: einerseits eine übermäßige Leistungsorientierung oder gar Fixierung auf die Bildungskarriere der Kinder und im anderen Extrem die Tendenz zur Leistungsabwertung.

Mit ersterem sind Eltern gemeint, die ausschließlich auf den Lern- und Schulerfolg ihrer Kinder fixiert sind. Ihnen geht es allein um die bestmöglichen Noten und Abschlüsse. Veranstaltungen und Maßnahmen der Schule, welche eher der Förderung der Persönlichkeitsentwicklung dienen, stoßen bei ihnen rasch auf Kritik, ebenso Initiativen, die anderen Kindern oder der Klasse und der Schule ganz allgemein zugute kommen. Oft wird ein Verlust wertvoller Unterrichtszeit befürchtet, der auf Kosten optimaler Lernergebnisse und eines geplanten Übertritts ins Gymnasium gehen könnte.

Demgegenüber gibt es auch Eltern, die ausschließlich die Persönlichkeitsentwicklung ihrer Kinder im Auge haben und die Schule als Schonraum betrachten, in dem die Kinder sich erst einmal in Ruhe entwickeln und zu starken Persönlichkeiten heranwachsen sollen, ohne schon mit Leistungsdenken und Konkurrenzdruck konfrontiert zu sein. Eltern dieses Typs reagieren schnell ablehnend, wenn Anforderungen an ihre Kinder herangetragen werden.

Häufig werden Lehrerinnen und Lehrer in der Elternschaft der Schülerinnen und Schüler ihrer Klassen mit beiden Ausprägungen einer verkürzten Zielorientierung konfrontiert sein. Für die Zusammenarbeit ist es von Vorteil, wenn eine Einigung über eine »mittlere« Position erzielt werden kann, die für ein ausgewogenes Verhältnis der Orientierung am Schulerfolg und an der Persönlichkeitsentwicklung steht.

Eine Möglichkeit kann sein, eine Diskussion mit allen Eltern über die Leistungsanforderungen zu organisieren, die in der Regel zur Relativierung der beiden Extrempositionen beitragen wird. Ergänzend sollte man auf gesetzliche Grundlagen hinweisen, die sowohl einem einseitigen Leistungsdrill als auch dem völligen Verzicht auf Leistungsanforderungen Grenzen setzen. Ideal wäre es, wenn es ein Schulleitbild und einen Schulvertrag gibt, die auf dieser Grundlage entwickelt wurden.

Auch Aufklärung über die Bedeutung und die förderlichen Faktoren heimbasierten Elternengagements (▶ Kap. 2.4.3) sollte in der Regel entpolarisierend wirken. Aber Aufklärung alleine genügt nicht. Wirklich zu Verhaltensänderungen bewegen wird man Eltern mit verkürzten Zielorientierungen dann, wenn sie erfahren, dass die neuen Zielorientierungen sich für den Bildungserfolg und die Persönlichkeitsentwicklung der Kinder auszahlen. Dazu braucht es konkrete Handlungsvorschläge im Rahmen von Elternberatung und

Elternbildung. Große Bedeutung kommt auch dem Vorbild der Lehrkräfte zu: Wenn es ihnen im eigenen Unterricht überzeugend gelingt, Leistungsansprüche und Persönlichkeitsförderung zu vereinen, werden sie auch übermäßig leistungsorientierte sowie Leistungsanforderungen ablehnend gegenüberstehende Eltern veranlassen, ihre Ansichten zu überdenken. Manchmal kann man auch die Kinder als »Kronzeugen« dafür aufrufen, dass sie sich weniger Leistungsdruck, mehr Entfaltungsspielraum und mehr Muße wünschen oder auch sich gerne einmal ernsthafteren Anforderungen stellen und Erfolgserlebnisse haben möchten.

Sehr auf den Lern- und Bildungserfolg ihrer Kinder bedachte Eltern werden sich darin bestärkt sehen, dass ein förderliches heimbasiertes Elternengagement hohe Erwartungen an die Kinder herantragen muss. Nicht gleichermaßen selbstverständlich wird ihnen sein, dass solche Erwartungen mit Vertrauen in die Kinder und mit Optimismus und Zuversicht zu verbinden sind. Und noch weniger beachten sie von vorneherein, dass eine förderliche Erziehung neben dem Auferlegen von Pflichten, Regeln und Disziplin den Kindern auch Freiheitsspielräume gewähren und Liebe, Wärme und Geborgenheit geben muss. Auch die große Bedeutung intensiver Kommunikation zwischen Eltern und Kindern ist ihnen nicht immer bewusst, vor allem nicht, dass es keineswegs darum geht, beständig über Schule, Unterricht und Leistungsentwicklung zu sprechen, sondern über alles, was die Kinder und Jugendlichen bewegt und auch über den Alltag und die Erlebnisse der Erwachsenen. Schwierig wird es häufig sein, solche Eltern davon zu überzeugen, dass es zumindest auf lange Sicht kontraproduktiv ist, wenn Eltern versuchen, ihren Kindern beim Lernen und bei den Hausaufgaben zu helfen. Hier sollte man nicht nur auf die vielfältigen Konflikte hinweisen, die dadurch entstehen – Konflikte der Eltern mit ihren Kindern, der Eltern untereinander und der Eltern mit den Lehrkräften –, sondern auch darauf, dass solche Elternhilfe jedenfalls die Entwicklung eines selbstständigen Lernverhaltens bei den Kindern beeinträchtigt. Günstig ist es, wenn die Schule vernünftige Leitlinien für Hausaufgabenhilfe und Lernunterstützung der Eltern (▶ Kap. 4.3) entwickelt hat, auf die man sich dabei beziehen kann.

Eltern, die Leistungsanforderungen ablehnend gegenüber stehen, unterstützen die Selbstentfaltung und Selbstständigkeit ihrer Kinder, geben ihnen Liebe und Wärme und pflegen gewöhnlich auch eine intensive Kommunikation mit ihnen. Weniger einsichtig sind ihnen die Unverzichtbarkeit von Regeln, Strukturen sowie auch von Pflichten und Disziplin und die Bedeutung hoher Erwartungen der Eltern an ihre Kinder. Vor allem müssen sie davon überzeugt werden, dass hohe Erwartungen, die mit Zutrauen und Optimismus gepaart sind, keineswegs die Entwicklung der Kinder beeinträchtigen, sondern ganz im Gegenteil mächtige Fördereffekte haben.

Einseitige Erziehung

Herausfordernde und schwierige Situationen in der Zusammenarbeit mit Eltern können auch aufgrund eines eher wenig förderlichen oder gar ungünstigen Verhältnisses der Eltern zu ihren Kindern entstehen, also aufgrund eines einseitigen Erziehungsstils. Mit einseitiger Erziehung ist hier gemeint, dass Eltern sich in der Erziehung ihrer Kinder engagieren, dass aber im Sinne der oben vorgestellten Typologie von Erziehungsstilen das Verhältnis von Orientierung an den Bedürfnissen der Kinder und Jugendlichen und Einsatz der elterlichen Autorität unausgewogen ist. Angesprochen sind hier der autoritäre, der permissive und der überbehütende Erziehungsstil. Zu besonders problematischen Situationen kann eine vernachlässigende Erziehung führen – diese wird nachfolgend gesondert besprochen.

Prinzipiell ist von den Eltern selbst zu verantworten, wie sie ihre Kinder erziehen. Auch einseitige Erziehung ist zunächst einmal ihre Angelegenheit und viele Eltern lehnen infolgedessen eine Einmischung der Schule strikt ab. Aber die einseitige Erziehung einiger Kinder kann doch auch den optimalen Ablauf des Schul- und Unterrichtsbetriebs beeinträchtigen oder gar so empfindlich stören, dass die Schule reagieren muss. Von grundsätzlicher Bedeutung ist, dass man sich klar macht: Die meisten Eltern haben eine positive Einstellung zu ihren Kindern und möchten, dass es ihnen gut geht. Sie haben die Intention, ihre Kinder zu erziehen, und konkrete Vorstellungen davon, wie das geschehen soll. Dies ist prinzipiell anzuerkennen.

Eltern in persönlicher Ansprache auf Einseitigkeiten ihrer Erziehungsauffassung hinzuweisen, ist heikel und nur in Ausnahmefällen möglich. In der Regel wird man zum einen lieber indirekt vorgehen und in Veranstaltungen der Elternbildung für eine ausgewogene autoritativ-partizipative Erziehung werben. Wie oben bereits ausgeführt, ist sowohl innerhalb der Familie als auch in der Institution Schule eine Orientierung am autoritativ-partizipativen Erziehungsstil für Kinder und Jugendliche am günstigsten und führt am ehesten dazu, dass sie sich zu selbstständigen, selbstbewussten, ehrlichen, hilfsbereiten, verantwortungsbewussten und leistungsfähigen Erwachsenen entwickeln.

Zum anderen können bestimmte Situationen oder Verhaltensweisen angesprochen werden und den Eltern konkrete Handlungsmöglichkeiten vorgeschlagen werden. Auf diese Art und Weise kann es möglich sein, die Situation für die Kinder zu verbessern, ohne die Eltern zu brüskieren oder zu überfordern. Vor allem bei Eltern, die sich große Sorge bezüglich der Schullaufbahn ihrer Kinder machen, helfen auch beruhigende Gespräche und Maßnahmen, durch die sie überzeugt werden, dass in der Schule alles geschieht, um die Kinder bestmöglich zu fördern und schädliche Einflüsse von ihnen fernzuhalten.

Entscheidend ist, dass die Schule selbst ein Modell partizipativer Erziehung praktiziert, an dem sich die Eltern orientieren können. Zwingende Voraussetzung dafür ist ein breiter Konsens im Kollegium über die pädagogische Grundorientierung. Deren Eckpunkte sollten auch im Schulleitbild explizit formuliert und für die Eltern nachzulesen sein.

Vernachlässigende Erziehung

Besonders ungünstig wirkt es sich auf Kinder aus, wenn sie von ihren Eltern vernachlässigt werden. Im Sinne der Typologie nach Klaus Hurrelmann ist damit gemeint, dass der Einsatz elterlicher Autorität gering ist und die Bedürfnisse der Kinder kaum oder gar nicht berücksichtigt werden. Derart vernachlässigte Kinder fühlen sich oft nicht nur im Stich gelassen, sondern auch missachtet. Die Ursachen für eine vernachlässigende Erziehung können unterschiedlich sein. Manche Eltern sind infolge unterschiedlicher Belastungen (psychische Probleme, Arbeitsüberlastung, Beziehungsstress, Krankheit usw.) überfordert und nicht in der Lage, ihre Kinder zu erziehen. Andere wiederum übernehmen aus Bequemlichkeit keine Erziehungsverantwortung. Schließlich gibt es auch Eltern, denen etwa infolge nicht ausreichender kognitiver Kapazitäten Erziehungskompetenz schlichtweg fehlt.

Schülerinnen und Schüler, deren Erziehung von den Eltern vernachlässigt wird, stören oft den Schul- und Unterrichtsbetrieb so empfindlich, dass Interventionen unvermeidlich sind. Das kann nicht selten dadurch erschwert werden, wenn die Eltern sich den Kontaktversuchen der Schule entziehen. In extremen Fällen wird man nicht umhinkönnen, das Jugend- oder Sozialamt einzuschalten.

Auch bei vernachlässigenden Eltern lohnt oft ein Blick auf die Vorgeschichte: Nicht selten handelt es sich um überforderte, orientierungslose oder entmutigte Eltern, die nicht mehr wissen, wie sie mit ihrem Kind klar kommen können, aber auch nicht den Mut aufbringen, Unterstützung von der Jugend- und Familienhilfe zu erbitten, oder einfach nicht über deren Angebote informiert sind. In solchen Fällen kann die Schule durch Aufklärung und Herstellen einer Verbindung zu den öffentlichen Einrichtungen weiterhelfen. Weniger schwere Fälle werden von Elternbildungsveranstaltungen und -maßnahmen der Schule profitieren.

Vermittlung der Grundsätze eines partizipativen Erziehungsstils

In der Zusammenarbeit mit Eltern kann es dazu kommen, dass Eltern im Gespräch von sich aus von Herausforderungen im Erziehungsalltag berichten, die auf einen ungünstigen Erziehungsstil schließen lassen, oder dass Lehrkräfte etwa aufgrund von Äußerungen von Kindern oder von Beobachtungen von Interaktionen zwischen Eltern und Kindern einen solchen vermuten. Möglicherweise ergibt sich im Gespräch mit Eltern die Gelegenheit, auf die Vorteile eines autoritativ-partizipativen Erziehungsstils hinzuweisen. Dabei sollten die Lehrerinnen und Lehrer jedoch stets sorgsam darauf bedacht sein, das Handeln von Eltern nicht zu verurteilen oder abzuqualifizieren – in den allermeisten Fällen ist davon auszugehen, dass Eltern ihren Kindern Gutes wollen.

Wenn Lehrkräfte mit Eltern über das Erziehungsgeschehen sprechen, sind wissenschaftliche Ausführungen über Erziehungsstile zu alltagsfern, um für das Zusammenleben und den Umgang mit Kindern hilfreich zu sein. Besser verständlich ist folgende Zieldefinition: Das Erziehungshandeln soll durch ein ausgewogenes Verhältnis von Anerkennung, Anregung und Anleitung gekennzeichnet sein. Darunter wird Folgendes verstanden:

- *Anerkennung*: Für Kinder ist es förderlich, wenn sie von ihren Eltern Akzeptanz, emotionale Zuwendung und Wärme erhalten. Dass ein Mangel an emotionaler Zuwendung dazu führen kann, dass sich Kinder abgelehnt fühlen und dadurch nur ein geringes Selbstwertgefühl ausbilden können, wurde oben bereits beschrieben. Allerdings kann auch eine zu enge, »emotional verstrickte« Beziehung ungünstig wirken, etwa wenn die freie Entfaltung der eigenen Persönlichkeit der Heranwachsenden dadurch eingeschränkt wird.
- *Anregung*: Damit ist gemeint, dass Kinder und Jugendliche ein positives Feedback zum jeweiligen erreichten Entwicklungsstand sowohl bezogen auf den sozialen wie den kognitiven Bereich wie auch Anstöße und Impulse für die Weiterentwicklung erhal-

ten sollen. Sowohl ein zu geringes als ein zu hohes Maß an Anregung kann jedoch ungünstig wirken, wenn Kinder dadurch auf der einen Seite entmutigt und demotiviert oder auf der anderen Seite überfordert werden.

- *Anleitung*: Es ist der Entwicklung dienlich, wenn dem jeweiligen Entwicklungsstand und der Persönlichkeit der Kinder angemessene Umgangsformen und Vereinbarungen verabredet werden. Diese sollten möglichst klar formuliert sein und absehbaren Folgen bei Nicht-Einhaltung unmittelbar nach sich ziehen. Auch hier ist das richtige Maß von entscheidender Bedeutung: Dass weder ein rigides Regelwerk (autoritäre Erziehung) noch Unklarheit und Beliebigkeit (etwa permissive bzw. vernachlässigende Erziehung) förderlich sind, wurde oben bereits ausgeführt.

Wenn es Eltern gelingt, den Umgang mit ihren Kindern in einem gut ausbalancierten Verhältnis von Anerkennung, Anregung und Anleitung zu gestalten, dann entspricht dies dem hier befürworteten partizipativen Erziehungsstil. Grundlage dafür ist eine gute Beziehung zwischen Eltern und Kindern und ein elterliches Verhalten und Handeln, das als Vorbild für ihre Kinder dient (vgl. Hurrelmann 2006, 163 ff.).

5

Zusammenfassung und Fazit

Für die Schule ist es in letzter Zeit zunehmend anspruchsvoller geworden, ihren Bildungs- und Erziehungsauftrag zu erfüllen. Das hat nicht zuletzt mit der stark zugenommenen Vielfalt ihrer Klientel zu tun: Schülerinnen und Schüler und ihre Eltern kommen mehr denn ja aus unterschiedlichen Bevölkerungsschichten und Herkunftskulturen, leben in vielfältigen Familienformen, haben oft völlig unterschiedliche Vorstellungen von Bildung und Erziehung und verfolgen entsprechend andere Bildungsziele. Aber gerade unter diesen anspruchsvollen Bedingungen ist die Kooperation zwischen Schule und Elternhaus unentbehrlicher denn je geworden. Allerdings reichen die Standardangebote traditioneller Elternarbeit dafür nicht mehr aus. Es braucht einerseits eine stärker partnerschaftliche Ausrichtung der Kooperation und andererseits eine hochgradige Differenzierung nach Formen und Inhalten. Nur so ist es möglich, alle Eltern zu erreichen und auf ihre spezifischen Lebenssituationen eingehen zu können, in denen oft der Schlüssel zu Missverständnissen und Problemen in der Zusammenarbeit zwischen Schule und Elternhaus liegt.

Wie die Zusammenarbeit konstruktiv, mit Feinfühligkeit und mit Verständnis für das Gegenüber geschehen kann, hat dieses Büchlein aufzuzeigen versucht. Es hat mit dem Modell der Erziehungs- und Bildungspartnerschaft einen Rahmen aufgespannt, der eine Grundorientierung ermöglicht und gleichzeitig flexibel, adaptiv und situationsadäquat auf die jeweiligen Erfordernisse und Möglichkeiten der Zusammenarbeit zwischen Schule und Elternhaus abgestimmt werden kann.

Das Modell stellt eine Grundlage für die Prävention von Missverständnissen und Schwierigkeiten in der Kooperation mit Eltern dar. Es soll zusammen mit vertrauensbildenden Maßnahmen, der Etablierung einer Gesprächskultur, der Stärkung der Eltern durch Elternbildungsmaßnahmen, der Einbeziehung der Schülerinnen und Schüler und weiterer Erziehungspartner dazu beitragen, schwierige Situationen zu vermeiden und zu bewältigen.

Literatur

Allen, S. & Daly, K. (2007). *The effects of father involvement: An updated research summary of the evidence.* Guelph: University of Guelph. Centre for Families, Work & Well-Being.

Arbeitskreis Einstieg (2004). *Berufswahl in Hamburg 2004. Eine Umfrage unter Hamburger Schülerinnen und Schülern.* Hamburg. Verfügbar unter http://www.kda-nordelbien.de/index.php/phoca-sef/phoca-cat-erleben-in-der-arbeitswelt.html?download=34:arbeitsbereich-berufsanfang-pdf [18.12.2018].

Australian Government, Department of Education, Science and Training (2006). *Parent Partnerships. Parent Involvement in the Later Years of Schooling.* Melbourne. Verfügbar unter http://www.education.vic.gov.au/Documents/school/teachers/health/parentpartner.pdf [14.12.2018].

Autorengruppe Bildungsberichterstattung (Hrsg.) (2012). *Bildung in Deutschland 2012. Ein indikatorengestützter Bericht mit einer Analyse zur kulturellen Bildung im Lebenslauf.* Bielefeld: Bertelsmann. Verfügbar unter https://www.bildungsbericht.de/de/bildungsberichte-seit-2006/bildungsbericht-2012/bildung-in-deutschland-2012 [22.12.2018].

Autorengruppe Bildungsberichterstattung (Hrsg.) (2016). *Bildung in Deutschland 2016. Ein indikatorengestützter Bericht mit einer Analyse zu Bildung und Migration.* Bielefeld: Bertelsmann. Verfügbar unter https://www.bildungsbericht.de/de/bildungsberichte-seit-2006/bildungsbericht-2016/bildung-in-deutschland-2016 [22.12.2018].

AWO Bundesverband e. V. (Hrsg.) (2010). *Expertise: Familien in benachteiligten und von Armut bedrohten oder betroffenen Lebenslagen als Adressaten von Elternbildung und Elternarbeit.* Verfügbar unter http://bird-und-huebner.de/AWO%20EXPERTISE%20FAMILIE%20+%20ARMUT.pdf [14.12.2018].

Bartscher, M. (2018). *»Haltung« entwickeln. Professionelle Beziehungsgestaltung in »Bildungs- und Erziehungspartnerschaften« Anregungen für die Arbeit mit »Haltungskarten«.* (2. Aufl.) Heidelberg: GK Quest Akademie.

Baumrind, D. (1971). Current patterns of parental authority. *Developmental Psychology, 4* (1, Pt.2), 1–103.

Baumrind, D. (1991). The influence of parenting style on adolescent competence and substance use. *Journal of Early Adolescence, 11* (1), 56–95.

Bechter, A., Guerrini, F. & Ralser, M. (2013). *Das proletarische Kind und seine uneheliche Mutter als Objekte öffentlicher Erziehung. Zum Fürsorgeerziehungsregime im Tirol der 1960er und beginnenden 1970er Jahre.* In E. Appelt, M. Heidegger,

E. Dietrich-Daum & M. Wolf (Hrsg.), *CHILD CARE. Kulturen, Konzepte und Politiken der Fremdbetreuung von Kindern.* Weinheim/Basel: Juventa Verlag.

Beinke, L. (2002). *Familie und Berufswahl.* Bad Honnef: Bock.

Bennett, S. & Kalish, N. (2006). *The Case Against Homework.* New York: Three Rivers Press.

Betz, T. (2015). *Das Ideal der Bildungs- und Erziehungspartnerschaft. Kritische Fragen an eine verstärkte Zusammenarbeit zwischen Kindertageseinrichtungen, Grundschulen und Familien. Expertise im Auftrag der Bertelsmann-Stiftung.* Gütersloh: Verlag Bertelsmann Stiftung. Verfügbar unter http://www.bertelsmann-stiftung.de/fileadmin/files/BSt/Publikationen/GrauePublikationen/Studie_WB__Bildungs-_und_Erziehungspartnerschaft_2015.pdf [15.12.2018].

Betz, T., Bischoff, S., Eunicke, N., Kayser, L. & Zink, K. (2017). *Partner auf Augenhöhe? Forschungsbefunde zur Zusammenarbeit von Familien, Kitas und Schulen mit Blick auf Bildungschancen.* Gütersloh: Verlag Bertelsmann Stiftung.

Becker, W. (2017, 05. Februar). Weniger Paare adoptieren Kinder. *Frankfurter Allgemeine*, S. 1–3. Verfügbar unter http://www.faz.net/aktuell/gesellschaft/familien-weniger-paare-adoptieren-kinder-14846277.html [14.12.2018].

Berger, F. (2009). Intergenerationale Transmission von Scheidung – Vermittlungsprozesse und Scheidungsbarrieren. In H. Fend, F. Berger & U. Grob (Hrsg.), *Lebensverläufe, Lebensbewältigung, Lebensglück. Ergebnisse der LifE-Studie* (S. 267-303). Wiesbaden: VS Verlag für Sozialwissenschaften.

Berger, F. (2016). Wertetransmission von Eltern zu Kindern. Zur »Vererbung« von Einstellungen und Überzeugungen in Zeiten sozialen Wandels. *Schüler. Wissen für Lehrer,* S. 58–61. Heft zum Thema Werte. Seelze: Friedrich Verlag.

Berger, F. (2018). Über Medien lernen in Schule und Jugendarbeit. Zur Förderung eines selbstbestimmten und sozial verantwortlichen Umgangs mit Neuen Medien. *Massive Open Online Courses »Medienkompetenz in der Lehre«.* TU Graz, Universität Innsbruck, Universität Linz, PH Niederösterreich, PH Vorarlberg.

Bergold, P. & Buschner, A. (2018). *Regenbogenfamilien in Deutschland.* Bonn: Bundeszentrale für politische Bildung. Verfügbar unter http://www.bpb.de/gesellschaft/gender/homosexualitaet/269064/regenbogenfamilien [14.12.2018].

Beyer, G. (2018). Auch Elternarbeit will gelernt sein. *SEMINAR Lehrerbildung und Schule BAK-Vierteljahresschrift 24* (2), 50–59.

Boethel, M. (2003). *Diversity and School, Family, and Community Connections. Annual Synthesis 2003.* Austin: National Center for Family and Community Connections with Schools SEDL. Verfügbar unter http://www.sedl.org/connections/resources/diversity-synthesis.pdf [14.12.2018].

Boettcher, W. & Mosing, G. (2006). Leitungskommunikation. In H. Buchen & H. G. Rolff (Hrsg.), *Professionswissen Schulleitung* (S. 870–991). Weinheim, Basel: Beltz.

Boldt, U., Herschelmann, M. & Grote, C. (2006). Väterarbeit in der Grundschule. *Die Grundschulzeitschrift, 20* (194), 14–17.

Borgonovi, F. & Montt, G. (2012). *Parental Involvement in Selected PISA Countries and Economies.* OECD Education Working Papers, No. 73, OECD Publishing. Verfügbar unter http://dx.doi.org/10.1787/5k990rk0jsjj-en [14.12.2018].

Bremisches Schulgesetz (BremSchulG) vom 28. Juni 2005. *Gesetzblatt der Freien Hansestadt Bremen 2005,* S. 260–223.

Brackertz, N. (2007). *Who is hard to reach and why?* ISR Working Paper January 2007. Verfügbar unter library.bsl.org.au/showitem.php?handle=1/875 [14.12. 2018].

Bude, H. (2011). *Bildungspanik. Was unsere Gesellschaft spaltet.* München: Hanser.

Bull, A., Brooking, K. & Campbell, R. (2008). *Successful Home-School Partnerships. Report to the Ministry of Education.* Wellington: Ministry of Education New Zealand. Verfügbar unter http://www.educationcounts.govt.nz/publications/schooling/28415/28416 [14.12.2018].

Bundesministerium für Arbeit und Soziales (2013). *Lebenslagen in Deutschland. Der vierte Armuts- und Reichtumsbericht der Bundesregierung.* Verfügbar unter http://www.armuts-und-reichtumsbericht.de/SharedDocs/Downloads/Berichte/vierter-armuts-und-reichtumsbericht.pdf?__blob=publicationFile&v=3 [14.12.2018].

Bundespsychotherapeutenkammer (2015). *BPtK-Standpunkt: Psychische Erkrankungen bei Flüchtlingen.* Berlin: Bundespsychotherapeutenkammer. Verfügbar unter https://www.bptk.de/uploads/media/20150916_BPtK-Standpunkt_psychische_Erkrankungen_bei_Fluechtlingen.pdf [05.03.2017].

Bundesregierung (2007). *Der Nationale Integrationsplan. Neue Wege – Neue Chancen.* Berlin: Presse- und Informationsamt der Bundesregierung. Verfügbar unter http://www.bundesregierung.de/Content/DE/Archiv16/Artikel/2007/07/Anlage/2007-07-12-nationaler-integrationsplan.pdf?__blob=publicationFile [12.12.2018].

Buske, S. (2004). *Fräulein Mutter und ihr Bastard. Eine Geschichte der Unehelichkeit in Deutschland 1900–1970,* Göttingen: Wallstein Verlag.

Callison, W. L. (2004). *Raising test scores using parent involvement.* Lanham/Maryland: Scarecrow Education.

Campbell, M. (o.J.). *Dealing with difficult parents.* Brisbane: Queensland University of Technology. Verfügbar unter http://www.ecta.org.au/_dbase_upl/09-09-08Dealingdifficult.pdf [12.12.2018].

Carter, S. (2002). *The Impact of Parent/Family Involvement on Student Outcomes: An Annotated Bibliography of Research from the Past Decade.* CADRE Consortium for Appropriate Dispute Resolution in Special Education. Verfügbar unter https://www.cadreworks.org/resources/cadre-materials/impact-parentfamily-involvement-student-outcomes-annotated-bibliography [17.12.2018].

Catsambis, S. (2001). Expanding knowledge of parental involvement in children's secondary education: connections with high schools seniors' academic success. *Social Psychology of Education, 5* (Issue 2), 149–177.

Christensen, S. L. & Sheridan, S. M. (2001). *Schools and families: Creating essential connections for learning.* New York: Guilford Press.

Christensen, G. & Stanat, P. (2006). *Schulerfolg von Jugendlichen mit Migrationshintergrund im internationalen Vergleich.* (Bildungsforschung Bd. 19). Berlin: BMBF Bundesministerium für Bildung und Forschung.

Coleman, J. S., Campbell, E. Q., Hobson, C. J., Mc Partland, J., Mood, A. M., Weingeld, F. D. & York, R. L. (1966). *Equality of educational opportunity.* Washington: US Government Printing Office.

Cooper, H. (2007). *The Battle Over Homework.* Thousand Oaks/Cf.: Corwin Press.

Cotton, K. & Wikelund, K. R. (2000). *Parent Involvement in Education. Research You Can Use. Close Up #6.* Verfügbar unter http://educationnorthwest.org/webfm_send/567 [12.12.2018].

Crosnoe, R. (2001). Academic orientation and parental involvement in education during High School. *Sociology of education, 74* (3), 210–230.

Dave, R. H. (1963). *The identification and measurement of environmental process variables that are related to educational achievement.* Unpublished PhD dissertation. University of Chicago.

Desforges, C. & Abouchaar, A. (2003). *The Impact of Parental Involvement, Parental Support and Family Education on Pupil Achievements and Adjustment: A Literature Review.* Nottingham: DfES Publications. Verfügbar unter https://www.nationalnumeracy.org.uk/sites/default/files/the_impact_of_parental_involvement.pdf [12.12.2018].

Dusolt, H. (2001). *Elternarbeit. Ein Leitfaden für den Vor- und Grundschulbereich.* Weinheim: Beltz.

Educational Government (Hrsg.) (1996). *Reaching All Families. Creating Family-Friendly Schools.* Washington: US Department of Education. Verfügbar unter https://www2.ed.gov/pubs/ReachFam/index.html [14.12.2018].

Ellinger, S. (2002). Lösungsorientierte Elternarbeit in der Ganztagsschule. *Zeitschrift für Heilpädagogik 53* (12), 486–493.

Fend, H. & Berger, F. (2016). Ist die Schule humaner geworden? Sozialhistorischer Wandel der pädagogischen Kulturen in Schule und Familie in den letzten dreißig Jahren im Spiegel der LifE-Studie. *Zeitschrift für Pädagogik*, 62. Jg., Heft 6, S. 861–885.

Fendrich, S. & Mühlmann, T. (2016). *Machbarkeitsstudie zu bundesweiten raumbezogenen Datenauswertungen zum Themenbereich »Adoptionen« auf der Basis der amtlichen Kinder- und Jugendhilfestatistik – »Adoptionsatlas Deutschland«*. Dortmund: Dortmunder Arbeitsstelle Kinder- und Jugendhilfestatistik. Verfügbar unter http://www.akjstat.tu-dortmund.de/fileadmin/Analysen/Adoption/Bericht_Machbarkeitsstudie_2016-03-15.pdf [14.12.2018].

Fuhrer, U. (2007). *Erziehungskompetenz*. Bern: Huber.

Görtz-Brose, K. & Hüser, H. (2006). Zum Einfluss von Eltern auf das Berufswahlverhalten von Jugendlichen. In N. Bley & M. Rullmann (Hrsg.), *Übergang Schule und Beruf* (S. 277–294). Recklinghausen: Forschungsinstitut Arbeit, Bildung, Partizipation.

Harris, A. & Goodall, J. (2007). *Engaging Parents in Raising Achievement. Do Parents Know They Matter?* University of Warwick. Verfügbar unter http://dera.ioe.ac.uk/6639/1/DCSF-RW004.pdf [14.12.2018].

Hawighorst, B. (2009). Perspektiven von Einwandererfamilien. In M. Gomolla & S. Fürstenau (Hrsg.), *Migration und schulischer Wandel: Elternbeteiligung* (S. 51–67). Wiesbaden: VS Verlag für Sozialwissenschaften.

Heckmann, F. (2012). Willkommenskultur was ist das, und wie kann sie entstehen und entwickelt werden? *efms paper 2012-7*. Bamberg: europäisches forum für migrationsstudien. Verfügbar unter http://www.efms.uni-bamberg.de/pdf/efms%20paper%202012_7.pdf [14.12.2018].

Henderson, A. T. & Mapp, K. L. (2002). *A New Wave Of Evidence: The Impact Of School, Family And Community Connections On Student Achievement*. CL, Austin: National Center for Family and Community Connections with Schools. Verfügbar unter *http://www.sedl.org/connections/resources/evidence.pdf* [14.12.2018].

Henderson, A. T., Johnson, V., Mapp, K. L. & Davies, D. (2007). *Beyond the Bake Sale: The Essential Guide to Family/School Partnerships*. New York: The New Press.

Herbart, J. F. (1806). *Allgemeine Pädagogik aus dem Zweck der Erziehung abgeleitet*. Göttingen: Johann Friedrich Röwer.

Hill, N. E. & Tyson, D. F. (2009). Parental Involvement in Middle School: A Meta-Analytic Assessment of the Strategies That Promote Achievement. *Developmental Psychology, Vol. 45* (3), 740–763.

Honkanen-Schoberth, P. (2003). *Starke Kinder brauchen starke Eltern. Der Elternkurs des Deutschen Kinderschutzbundes* (2. Aufl.). Berlin: Kreuz Verlag.

Hoover-Dempsey, K. V., Walker, J. M. T., Sandler, H. M., Whetsel, D., Green, C. L., Wilkins, A. S. & Closson, K. (2005). Why do parents become involved?

Research findings and implications. *The Elementary School Journal, 106* (2), 105–130.

Hoose, D. & Vorholt, D. (1996). *Sicher sind wir wichtig - irgendwie!?* Hamburg: Senatsamt für Gleichstellung.

Humpage, L. (2009). A »culturally unsafe« space? The Somali experience of Christchurch secondary schools. *New Zealand Geographer 65 (Issue 1)*, 73–82.

Hurrelmann K. (2006). *Einführung in die Sozialisationstheorie.* Weinheim und Basel: Beltz.

Hurrelmann, K. (2007, 15. Juli). Deutschlands Jugend will wieder etwas erreichen. *Welt am Sonntag*. Verfügbar unter http://www.welt.de/wams_print/article1027744/Deutschlands-Jugend-will-wieder-etwaserreichen.html [14.12.2018].

Ibrahim, H. H. (2012). *From warzone to godzone: Towards a new model of communication and collaboration between schools and refugee families.* Dissertation. Canterbury: University of Canterbury.

Jäger-Flor, D. & Jäger, R. S. (2009). *Bildungsbarometer zur Kooperation Elternhaus-Schule. Ergebnisse, Bewertungen und Perspektiven.* Zentrum für empirische pädagogische Forschung (zepf) der Universität Koblenz-Landau.

Jaksec III, Ch. M. (2005). *The Difficult Parent. An Educator's Guide to Handling Aggressive Behavior.* Thousand Oaks, California: Corwin Press.

Jencks, C. (1972). *Inequality: A reassessment of the effect of family and schools in America.* New York: Basic Books.

Jeynes, W. H. (2011). *Parental involvement and academic success.* New York and London: Routledge.

Kanders, M., Rösner, E. & Rolff, H.-G. (1996). Das Bild der Schule aus der Sicht von Schülern und Lehrern. Ergebnisse zweier IFS-Repräsentativbefragungen. *Jahrbuch der Schulentwicklung 1996, 9,* 57–113.

Knapp, R. (2001). *Elternarbeit in der Grundschule. Grundlagen. Elternberatung und -seminare.* Berlin: Cornelsen.

Kraus, J. (2013). *Helikopter-Eltern. Schluss mit Förderwahn und Verwöhnung* (2. Aufl.). Hamburg: Rowohlt.

Krieg, F. & Hoffmeyer, A. (2014). *Trennungsfamilien und Schule. Auswirkungen der bisherigen Praxis und Änderungsvorschläge.* Väteraufbruch für Kinder Karlsruhe e. V. Verfügbar unter https://vafk-karlsruhe.de/article82-Trennungsfamilien-und-Schule [18.12.2018].

Kröner, S. (2009). *Expertise: Elternvertreter mit Migrationshintergrund. Abschlussbericht.* Nürnberg: Bundesamt für Migration und Flüchtlinge. Verfügbar unter http://www.bamf.de/SharedDocs/Anlagen/DE/Publikationen/Expertisen/expertise-elternvertreter-migrationshintergrund.pdf?__blob=publicationFile [14.12.2018].

Krumm, V. (1988). Wie offen ist die öffentliche Schule? *Zeitschrift für Pädagogik, 34* (5), 601–619.

Krumm, V. (1996). Schulleistung – auch eine Leistung der Eltern. In W. Specht & J. Thonhauser (Hrsg.), *Schulqualität* (S. 256–290). Innsbruck: Studien Verlag.

Krumm, V. (1998). Elternhaus und Schule. In: D. H. Rost (Hrsg.), *Handwörterbuch Pädagogische Psychologie* (S. 81–85.). Weinheim: Beltz.

Leyendecker, B. (2008). Frühkindliche Bildung von Kindern aus zugewanderten Familien – die Bedeutung der Eltern. In K. J. Bade & M. Bommes (Hrsg.), *Nachholende Integrationspolitik – Problemfelder und Forschungsfragen,* IMIS-Beiträge 34 (S. 91–102). Osnabrück: Institut für Migrationsforschung und Interkulturelle Studien.

Lipowsky, F. (2007). Hausaufgaben: auf die Qualität kommt es an! Ein Überblick über den Forschungsstand. *Lernende Schule 10* (39), 7–9.

Markie-Dadds, C., Sanders, M. R. & Turner, K. M. T. (2003). *Das Triple P Elternarbeitsbuch. Der Ratgeber zur positiven Erziehung mit praktischen Übungen* (3. Aufl.). Münster: PAG Institut für Psychologie AG.

McBride, B. A., Schoppe-Sullivan, S. J. & Ho, M. (2005). The Mediating Role of Father Involvement on Student Achievement. *Journal of Applied Developmental Psychology 26* (2), 201–216.

Merkle, T. & Wippermann, C. (2008). *Eltern unter Druck.* Stuttgart: Lucius & Lucius.

Michigan Department of Education (2001). What Research Says about Parent Involvement in Chrildren's Education in Relation to Academic Achievement. Verfügbar unter http://www.chsd.us/barryton/docs/Parent_Involvement_Guide.pdf [14.12.2018].

Mohrhart, D. (1980). Elternmitwirkung, Mitverwaltung oder Miterziehung? *Aus Politik und Zeitgeschichte. Beilage zur Wochenzeitung »Das Parlament« 47,* 3–22.

Morgan, V., Fraser, G., Dunn, S. & Cairns, E. (1992). Parental involvement in education. How do parents want to become involved? *Educational studies, 18* (1), 11–20.

National Parent Teacher Association (2007). *National Standards for Family-School Partnerships.* Chicago: National PTA. Verfügbar unter http://www.pta.org/programs/content.cfm?ItemNumber=3126 [15.12.2018].

National Parent Teacher Association (2008). *National Standards for Family-School Partnerships Assessment Guide.* Chicago: National PTA. Verfügbar unter https://www.pta.org/docs/default-source/files/programs/national-standards-for-family-school-partnerships/national_standards_assessment_guide-introtest.pdf [15.12.2018].

National Parent Teacher Association (2009). *PTA National Standards for Family-School Partnerships: An Implementation Guide.* Chicago: National PTA. Verfügbar unter http://s3.amazonaws.com/rdcms-pta/files/staging/public/National_Standards_Implementation_Guide_2009.pdf [15.12.2018].

Neuenschwander, M. P., Balmer, T., Gasser, A., Goltz, S., Hirt, U., Ryser, H. & Wartenweiler, H. (2004). *Forschung und Entwicklung. Eltern, Lehrpersonen und Schülerleistungen. Schlussbericht.* Bern: Institut für Lehrer- und Lehrerinnenbildung.

Neuenschwander, M. P. (2009). Schule und Familie. Aufwachsen in einer heterogenen Umwelt. In H.-U. Grunder & U. Gut (Hrsg.), *Zum Umgang mit Heterogenität in der Schule* (S. 148–168) (Bd. I). Baltmannsweiler: Schneider.

Oberösterreichische Landesregierung/Kinder- und Jugendanwaltschaft Oberösterreich (2015). *Unser Kind. Ein Leitfaden für Eltern bei Trennung oder Scheidung.* Linz: Friedrich VDV. Verfügbar unter https://www.land-oberoesterreich.gv.at/files/ publikationen/kija_unserkind.pdf [15.12.2018].

OECD = Organisation for Economic Cooperation and Development (2001). *Lernen für das Leben. Erste Ergebnisse der internationalen Schulleistungsstudie PISA 2000.* Paris: OECD. Verfügbar unter https://www.oecd-ilibrary.org/education/lernen-fur-das-leben_9789264595903-de [15.12.2018].

OECD = Organisation für wirtschaftliche Zusammenarbeit und Entwicklung (2007). *PISA™ 2006 – Schulleistungen im internationalen Vergleich. Naturwissenschaftliche Kompetenzen für die Welt von morgen.* Paris: OECD. Verfügbar unter www.oecd.org/pisa/39728657.pdf [15.12.2018].

OECD = Organisation for Economic Cooperation and Development (2010a). *PISA 2009. Ergebnisse: Potenziale nutzen und Chancengerechtigkeit sichern: Sozialer Hintergrund und Schülerleistungen* (Bd. II). Zusammenfassung in Deutsch. Paris: OECD. Verfügbar unter https://www.oecd-ilibrary.org/education/pisa-2009_9789264095359-de [15.12.2018].

OECD = Organisation for Economic Cooperation and Development (2010b). *PISA 2009. Results: Overcoming Social Background. Equity in Learning Opportunities and Outcomes.* Volume II. Paris: OECD. Verfügbar unter https://www.oecd.org/pisa/pisaproducts/48852584.pdf [15.12.2018].

OECD = Organisation for Economic Cooperation and Development (2016). Exzellenz und Chancengerechtigkeit in der Bildung. In *PISA 2015 Ergebnisse. Exzellenz und Chancengerechtigkeit in der Bildung* (Bd. I). Bielefeld: Bertelsmann. Verfügbar unter https://doi.org/10.1787/9789264267879-5-de [15.12.2018].

Okpala, C. O., Okpala, A. O. & Smith, F. E. (2001). Parental involvement, instructional, expenditures, family socioeconomic attributes, and student achievement. *The Journal of Educational Research, 95* (2), 110-115.

Olsen, G. W., Fuller, M. L. (Hrsg.) (2003). *Home-school relations. Working successfully with parents and families.* 2. ed., Boston: Pearson/Allyn and Bacon.

Peabody College, Vanderbilt University (2002). *The Social Context of Parental Involvement: A Path to Enhanced Achievement. Study I: What Motivates Parents to Become Involved in Their Children's Education?* Brief report: November, 2002. Verfügbar unter https://studylib.net/doc/5825773/the-social-context-of-parental-involvement [15.12.2018].

Pfitzner, M. (2007). Beratung und Profession. Beratung als professionelle Aufgabe von Lehrern. In H. J. Apel, W. Sacher (Hrsg.), *Studienbuch Schulpädagogik* (S. 377–403). 3. Aufl. Bad Heilbrunn: Klinkhardt.

Plowden Report (1967). *Children and their Primary Schools.* London: Central Advisory Council for Education. Vol. 1 and 2. Verfügbar unter http://www.educationengland.org.uk/ documents/plowden/ [15.12.2018].

Prager, J. U. & Wieland, C. (2005). *Jugend und Beruf. Repräsentativumfrage zur Selbstwahrnehmung der Jugend in Deutschland.* Gütersloh: Bertelsmann.

Puhlmann, A. (2005). *Die Rolle der Eltern bei der Berufswahl ihrer Kinder.* Berlin: Bundesinstitut für Berufsbildung. Verfügbar unter http://www.bibb.de/dokumente/pdf/a24_puhlmann_ElternBerufswahl.pdf [18.12.2018].

Reißig, B. (2009). Der Übergang von der Schule in den Beruf – eine (zu) hohe Hürde? In Friedrich-Ebert-Stiftung (Hrsg.), *Wege in den Arbeitsmarkt für Jugendliche mit schlechteren Startchancen* (S. 7–10). Berlin, Bonn: Friedrich-Ebert-Stiftung, Forum Politik und Gesellschaft. Verfügbar unter http://library.fes.de/pdf-files/do/06735.pdf [18.12.2018].

Rubenstein, M. C. & Wodatch, J. K. (2000). *Stepping up to the Challenge: Case Studies of Educational Improvement in Secondary Schools.* Washington, DC: U.S. Department of Education. Verfügbar unter https://www.sedl.org/connections/ resources/citations/242.html [18.12.2018].

Sacher, W. (2004). *Elternarbeit in den bayerischen Schulen. Repräsentativ-Befragung zur Elternarbeit im Sommer 2004.* Schulpädagogische Untersuchungen Nürnberg, Nr. 23. Nürnberg: Lehrstuhl für Schulpädagogik.

Sacher, W. (2005). *Erfolgreiche und misslingende Elternarbeit. Ursachen und Handlungsmöglichkeiten. Erarbeitet auf der Grundlage der Repräsentativbefragung an bayerischen Schulen im Sommer 2004.* Schulpädagogische Untersuchungen Nürnberg, Nr. 24. Nürnberg: Lehrstuhl für Schulpädagogik.

Sacher, W. (2006). *Einflüsse der Sozialschicht und des Migrationsstatus auf das Verhältnis zwischen Elternhaus und Schule.* Schulpädagogische Untersuchungen Nürnberg, Nr. 26. Nürnberg: Lehrstuhl für Schulpädagogik.

Sacher, W. (2007). *Bericht der Begleituntersuchung zum Projekt »Vertrauen in Partnerschaft« für den Projektzeitraum von Sommer 2006 bis zum Sommer 2007.* Unveröffentlichtes Typoskript. Nürnberg: Lehrstuhl für Schulpädagogik.

Sacher, W. (2008a). *Elternarbeit. Gestaltungsmöglichkeiten und Grundlagen für alle Schularten.* Bad Heilbrunn: Klinkhardt.

Sacher, W. (2008b). *Schüler als vernachlässigte Partner der Elternarbeit.* Schulpädagogische Untersuchungen Nürnberg, Nr. 29. Nürnberg: Lehrstuhl für Schulpädagogik.

Sacher, W. (2009). *Elternarbeit schülerorientiert. Grundlagen und Praxismodelle. Für die Jahrgänge 1 bis 4.* Berlin: Cornelsen.

Sacher, W. (2011). Eltern im Berufsorientierungsprozess ihrer Kinder und ihre Einbindung durch Elternarbeit. In Projektträger im DLR e. V. (Redaktion), *Eltern, Schule und Berufsorientierung. Berufsbezogene Elternarbeit* (S. 9–22). Bielefeld: Bertelsmann.

Sacher, W. (2012a). Elternarbeit auf der Sekundarstufe. *schulmagazin 5-10, 11,* 11–14.

Sacher, W. (2012b). Differenzierende Elternarbeit. In W. Stange, R. Krüger, A. Henschel & C. Schmitt, (Hrsg.). *Erziehungs- und Bildungspartnerschaften. Grundlagen und Strukturen von Elternarbeit* (S. 70–76). Wiesbaden: VS Verlag für Sozialwissenschaften.

Sacher, W. (2012c). An manche Eltern und Familien kommt man einfach nicht heran ... Vorurteile, Kontaktbarrieren und Zugänge bei sogenannter Schwererreichbarkeit. *AJS-Informationen. Analysen, Materialien, Arbeitshilfen zum Jugendschutz,* 1/2012, 4–8.

Sacher, W. (2012d). Schule: Elternarbeit mit schwer erreichbaren Eltern. In W. Stange, R. Krüger, A. Henschel & C. Schmitt, (Hrsg.). *Erziehungs- und Bildungspartnerschaften. Grundlagen und Strukturen von Elternarbeit.* (S. 297–303) Wiesbaden: VS Verlag für Sozialwissenschaften.

Sacher, W. (2013). Papa, wie geht das? Elternunterstützung bei Hausaufgaben: unentbehrlich oder schädlich? *Grundschule. Konzepte und Materialien für eine gute Schule, 45* (1), 26–28.

Sacher, W. (2014a). *Elternarbeit als Erziehungs- und Bildungspartnerschaft. Grundlagen und Gestaltungsvorschläge für alle Schularten* (2. Aufl.). Bad Heilbrunn: Verlag Julius Klinkhardt.

Sacher, W. (2014b). Partnerschule statt Schulfestung – Bildungs- und Erziehungskooperation zwischen Eltern und Lehrkräften. In J. Standop, A. Greiling & J. Seefeldt (Hrsg.). *Visionen einer guten Schule. Entwürfe einer zukunftsweisenden Entwicklung* (S. 148–156). Bad Heilbrunn: Verlag Julius Klinkhardt.

Sacher, W. (2014c). Elternarbeit als Erziehungs- und Bildungspartnerschaft. Teil 5: Eltern und Berufsorientierung. *schulmanagement 45* (2), 37–39.

Sacher, W. (2016). Differenzierte Elternarbeit als Voraussetzung für mehr Chancengerechtigkeit. In S. Frank & A. Sliwka (Hrsg.). *Eltern und Schule. As-*

pekte von Chancengerechtigkeit und Teilhabe an Bildung (S. 104–115). Weinheim: Beltz.

Sacher, W. (2018). Von der Elternarbeit zur Erziehungs- und Bildungspartnerschaft. *SEMINAR Lehrerbildung und Schule BAK-Vierteljahresschrift 24* (2), 39–49.

Sacher, W., & Johannsen, J. (2019). Kultursensible Elternarbeit. In J. Ziehm, B. V. Cornelli, B. Menzel & M. Goßmann (Hrsg.). *Schule migrationssensibel gestalten. Impulse für die Praxis* (S. 137–157). Weinheim, Basel: Beltz.

Schneewind, K. (2012). Erziehungsstile. In W. Stange, R. Krüger, A. Henschel & C. Schmitt (Hrsg.), *Erziehungs- und Bildungspartnerschaften. Grundlagen und Strukturen von Elternarbeit* (S. 122–126), Wiesbaden: Springer VS.

Schoppe-Sullivan, S. J., McBride, B. A. & Ho, M.-H. R. (2004). Unidimensional Versus Multidimensional Perspectives on Father Involvement. *Fathering: A Journal of Theory, Research, and Practice about Men as Fathers, 2* (2), 147–163.

Schubarth, W., Gruhne, C. & Zylla, B. (2017). *Werte machen Schule. Lernen für eine offene Gesellschaft.* Stuttgart: Kohlhammer.

Schütz, G. & Wößmann, L. (2005). Chancengleichheit im Schulsystem: Internationale deskriptive Evidenz und mögliche Bestimmungsfaktoren. *Ifo Working Paper No. 17.* Ifo Institute for Economic Research at the University of Munich. Verfügbar unter https://www.cesifo-group.de/DocDL/IfoWorkingPaper-17.pdf [18.12.2018].

Schwaiger, M. & Neumann, U. (2010). *Regionale Bildungsgemeinschaften. Gutachten zur interkulturellen Elternbeteiligung der RAA.* Hamburg: Universität Hamburg, Fakultät für Erziehungswissenschaft, Psychologie und Bewegungswissenschaft. Verfügbar unter http://www.kommunale-integrationszentren-nrw.de/sites/default/files/public/system/downloads/regionale_bildungsgemeinschaften_0.pdf [18.12.2018].

Schweikert, K. (1999). *Aus einem Holz? Lehrlinge in Deutschland.* BIBB Bundesinstitut für Berufsbildung. Berichte zur beruflichen Bildung 232. Bielefeld: Bertelsmann.

Siegert, M. (2008). Schulische Bildung von Migranten in Deutschland. *Working Paper 13 der Forschungsgruppe des Bundesamtes für Migration und Flüchtlinge. Nürnberg.* Verfügbar unter http://www.bamf.de/SharedDocs/Anlagen/DE/Publikationen/WorkingPapers/wp13-schulische-bildung.pdf?__blob=publicationFile [18.12.2018].

Siekaup, W. (1984). Alltagsarbeit der Elternbeiräte. *Schul-Management, 15,* (4), 42–44.

Simon, B. S. (2004). High school outreach and family involvement. *Social Psychology of Education, 7* (Issue 2), 185–209.

Siraj-Blatchford, I., Sylva, K., Muttock, S., Gilden, R. & Bell, D. (2002). *Researching effective pedagogy in the early years (Research report RR356)*. Institute of Education/University of London, Department of Educational Studies / University of Oxford. Verfügbar unter https://dera.ioe.ac.uk/4650/ [17.12.2018].

Smrekar, C., Guthrie, J. W., Owens, D. E. & Sims, P. G. (2001). *March Towards Excellence: School Success and Minority Student Achievement in Department of Defense Schools.* Nashville/TN: Vanderbilt University. Verfügbar unter https://govinfo.library.unt.edu/negp/reports/DoDFinal921.pdf [18.12.2018].

Stanat, P., Rauch, D. & Segeritz, M. (2010). Schülerinnen und Schüler mit Migrationshintergrund. In E. Klieme, C. Artelt, J. Hartig, N. Jude, O. Köller, M. Prenzel, W. Schneider & P. Stanat (Hrsg.), *PISA 2009. Bilanz nach einem Jahrzehnt* (S. 200–230). Münster: Waxmann.

Stange, W., Krüger, R., Henschel, A., & Schmitt, C. (2012) (Hrsg.). *Erziehungs- und Bildungspartnerschaften. Grundlagen und Strukturen von Elternarbeit*. Wiesbaden: VS Verlag für Sozialwissenschaften.

Statistisches Bundesamt (2011). *Bevölkerung und Erwerbstätigkeit. Bevölkerung mit Migrationshintergrund – Ergebnisse des Mikrozensus 2011.* Wiesbaden: Statistisches Bundesamt. Verfügbar unter https://www.destatis.de/DE/Publikationen/Thematisch/Bevoelkerung/MigrationIntegration/BevoelkerungMigrationsstatus5125203117004.html [15.12.2018].

Statistisches Bundesamt (2017a). *Migration und Integration. Integrationsindikatoren 2005-2016.* Verfügbar unter https://www.destatis.de/DE/Publikationen/Thematisch/Bevoelkerung/MigrationIntegration/Integrationsindikatoren5122122167004.pdf?__blob=publicationFile [15.12.2018].

Statistisches Bundesamt (2017b). *Kinderlosigkeit, Geburten und Familien. Ergebnisse des Mikrozensus 2016.* Ausgabe 2017. Verfügbar unter https://www.destatis.de/DE/Publikationen/Thematisch/Bevoelkerung/HaushalteMikrozensus/GeburtentrendsTabellenband.html [15.12.2018].

Statistisches Bundesamt (2017c). *Alleinerziehende in Deutschland 2017. Begleitmaterial zur Pressekonferenz am 2. August 2018.* Wiesbaden. Verfügbar unter: https://www.destatis.de/DE/PresseService/Presse/Pressekonferenzen/2018/Alleinerziehende/Pressebroschuere_alleinerziehende.pdf?__blob=publicationFile [15.12.2018].

Steinberg, L. (2001). We know something. Parent-adolescent relationships in retrospect and prospect. *Journal of Research on Adolescence, 11(1)*, 1–19.

Stiftung Bildungspaket Bayern e. V. (Hrsg.) (2014). *Leitlinien zur Gestaltung der Erziehungs- und Bildungspartnerschaft von Schule und Elternhaus.* München. Verfügbar unter https://bildungspakt-bayern.de/wp-content/uploads/2015/03/150205_Broschuere_Leitlinien_A5.pdf [15.12.2018].

Textor, M. R. (1991). Teil- und Stieffamilien. In M. Textor & A. Bostelmann, *Das Kita-Handbuch.* https://www.kindergartenpaedagogik.de/41.html [15.12.2018].

Textor, M. R. (1993). Stieffamilien: Entwicklung, Charakteristika, Probleme. In M. Textor & A. Bostelmann, *Das Kita-Handbuch* https://www.kindergartenpaedagogik.de/485.html [15.12.2018].

Textor, M. R. (2005). *Elternarbeit im Kindergarten. Ziele, Formen, Methoden.* Norderstedt: Books on Demand.

Tietze, W., Roßbach, H. G. & Grenner, K. (2005). *Kinder von 4 bis 8 Jahren. Zur Qualität der Erziehung und Bildung in Kindergarten, Grundschule und Familie.* Weinheim, Basel: Beltz.

Tietze, W., Becker-Stoll, F., Bensel, J., Eckhard, A., Haug-Schnabel, G., Kalicki, B., Keller, H. & Leyendecker, B. (Hrsg.) (2013), *Nationale Untersuchung zur Bildung, Betreuung und Erziehung in der frühen Kindheit.* Weimar, Berlin: Verlag das Netz.

Tingley, S. C. (2006). *How to Handle Difficult Parents. A Teacher's Suvival Guide.* Fort Collins, Colorado: Cottonwood Press.

VIP-Status für Partnerschaft von Schule und Familie (2008). In *EZ Die Elternzeitschrift des Bayerischen Kultusministeriums* 3/2008, 6–8.

Vodafone Stiftung Deutschland (Hrsg.) (2013). *Qualitätsmerkmale schulischer Elternarbeit. Ein Kompass für die partnerschaftliche Zusammenarbeit von Schule und Elternhaus.* Düsseldorf. Verfügbar unter https://www.vodafone-stiftung.de/uploads/tx_newsjson/vfst_qm_elternarbeit_web.pdf [15.12.2018].

Walker, J. M. T., Wilkins, A. S., Dallaire, J. R., Sandler, H. M. & Hoover-Dempsey, K. V. (2005). Parental Involvement: Model Revision through Scale Development. *The Elementary School Journal, Volume 106* (2), 85–104.

Wang, M.-C., Oates, J. & Weishew, N. L. (1995). Effective School Responses to Student Diversity in Inner-City Schools: A Coordinated Approach. *Education and Urban Society, 27* (4), 484–503.

Weisbach, C.-R. (2003). *Professionelle Gesprächsführung. Ein praxisnahes Lese- und Übungsbuch* (6. Aufl.). München: Deutscher Taschenbuch Verlag.

Werf, G. van der, Creemers, B. & Guldemond, H. (2001). Improving parental involvement in primary education in Indonesia. Implementation effects and costs. *School effectiveness and school improvement 12* (4), 447–466.

Whitaker, T. & Fiore, D. J (2001). *Dealing With Difficult Parents and With Parents in Difficult Situations.* New York, London: Routledge.

Wild, E. (2003). Einbeziehung des Elternhauses durch Lehrer: Art, Ausmaß und Bedingungen der Elternpartizipation aus der Sicht von Gymnasiallehrern. *Zeitschrift für Pädagogik, 49* (4), S. 513–533.

Wischer, B. & Katenbrink, N. (2017). »Drum prüfe auch, wer sich nur temporär bindet?« In D. Killus, A. Paseka, P. Schütz, U. Walther & B. Wischer (Hrsg.), *Eltern* (S. 7–9). Friedrich Jahresheft XXXV, Velber: Friedrich-Verlag.

Zehnter, M.-C. (2015). *Wie nehmen Lehrkräfte die Zusammenarbeit mit »schwierigen Eltern« wahr?* Schriftliche Hausarbeit für die erste Staatsprüfung für ein Lehramt an Grundschulen. Julius-Maximilians-Universität Würzburg.

Zeyringer, W. (2010). *Lösungsorientierte Gesprächsführung.* Handout. Graz, August 2010. *https://www.zeyringer.com/Handout_loesungsorientierte_Kommunikation.pdf* [15.12.2018].